자존감을 높여주는 **청소년의 삶 가이드 북**

세상에서 당당하게 살아가기

박청삼 지음

청어 도서출판

세상에서
당당하게
살아가기

박청삼 지음

책을 내면서

　나는 가난한 시골에서 7남매의 여섯째로 태어나 홀어머니 밑에서 자랐지만, 내 인생을 바꿀만한 세 명의 멘토를 만나 긍정적인 모습으로 세상을 바라보는 계기가 되었다.

　중학교 때 나에게 수학의 흥미를 느끼게 해 준 정하교 선생님, 군대에서 나에게 성경을 가르쳐주었던 임동영 형제, 대학원 때 늘 젊게 살라고 당부해 주신 방원기 교수님.

　물론 어머니의 긍정적인 성격을 많이 받기도 했지만 세 분의 멘토는 내 삶의 방향을 많이 바꾸어 놓은 분들이다. 그 영향으로 지금도 면티에 청바지, 캐주얼화를 신는 것을 좋아하고 기타를 치며 노래 부르는 것을 좋아한다. 그리고 청소년들이 좋아하는 음악과 유행어를 이해하려고 노력하기도 한다. 이 책을 통하여 간접적이나마 감사의 마음을 전한다.

　사탄이 우는 사자와 같이 삼킬 자를 찾으려고 돌아다니는 세상에, 어쩌면 내가 살아있다는 것 자체가 기적이라고 생각한다. 세상적으로 보았을 때 도저히 살 수 없는 나약한 존재, 즉 사탄에게 죽을 수밖에 없는 사람이기 때문이다. 신앙인들은 이를 하나님의 은혜라고 표현한다.

　여러분의 인생 멘토는 누구인가요?
　이 책은 글로벌선진학교(GVCS) 학생들의 품성 교육을 위해 강의했던 내용을 정리하여 책으로 출간한 것이다.

　나는 세계에 비전을 품고 사는 학생들에게 큰 물줄기의 한가운데 서기를 당부하고 있다. 그래야만 그 물줄기가 흘러 큰 바다에 도달할 수 있기 때문이다. 가장자리에 머물러 있으면 그 자리에서 맴돌다가 인생이 끝이 나게 된다. 우리의 인생이 그렇게 허무하게 끝나기를 바라는가?

　청소년기에 좋은 멘토를 만나면 시간을 헛되이 보내지 않는다. 그래서 더 나은 미래를 위해 현재를 충실하게 살게 되고, 고난과 역경을 극복하고자 몸부림을 치게 된다. 그러한 몸부림이 있어야만 녹록치 않은 세상에서 자기 위치를 찾아 훌륭한 사람으로 성장할 수 있다.

　이 책에서는 학생들의 가치관과 자존감에 대해 많이 다루고 있다. 가급적 쉽게 설명을 하기 위해 영화나 본받을 만한 분들의 예화를 통해 서술해 나갔다. 그리고 실제로 학교나 생활관에서 일어나는 여러 가지 일들, 그리고 진학에 대한 조언 등을 다루고 있다. 이 책을 통해 GVCS 학생뿐만 아니라 이 나라의 청소년들이 바람직한 가치관을 가지고 세상을 긍정적으로 바라보는 계기가 되었으면 좋겠다. 그리하여 글로벌한 시대에 세계를 이끌 많은 인재들이 우리나라에서 나왔으면 하는 마음이다. 아울러 다가올 통일 한국을 이끌 인재들에게 이 책이 도움이 되었으면 한다.

목차

책을 내면서 / 4

1장

평범한 학생, 비범한 인재

12

⑴ GVCS 학생들 / 14

⑵ 세상은 넓고 대학은 많다 / 18

⑶ 글로벌 인재 역량 강화 교육 / 22

생활관 / 25

인기 있는 학생 / 33

사춘기 학생의 특징 / 35

학생들의 이성교제 / 39

생활관 예배 / 40

⑴ 심령이 가난한 자는 복이 있다 / 42

⑵ 애통하는 자는 복이 있다 / 44

⑶ 온유한 자는 복이 있다 / 45

⑷ 의에 주리고 목마른 자는 복이 있다 / 46

⑸ 긍휼히 여기는 자는 복이 있다 / 47

⑹ 마음이 청결한 자는 복이 있다 / 49

⑺ 화평하게 하는 자는 복이 있다 / 50

⑻ 의를 위하여 박해를 받은 자는 복이 있다 / 52

이츠모하타찌(いつも はたち) / 55

⑴ 교회를 다닌 이유 / 60

⑵ 나의 어린 시절 / 61

2장

멘토

66

멘토가 끼친 긍정적 사례 / 69

진학지도 사례 / 71

　(1) 사촌동생 지도 / 72

　(2) 조카 지도 / 74

　(3) GVCS 학생 지도 / 75

멘토를 꿈꾸는 사람 / 77

학생의 품격 / 86

강한 멘탈을 가지려면 / 90

감정 다스리기 / 95

자존감 높이기 / 98

긍정이 주는 효과 / 101

외국어를 잘 해야 하는 이유 / 103

시간의 중요성 / 106

　(1) 사형수의 5분 / 108

　(2) 시간 관리 / 110

노력하는 사람 / 114

　(1) 늦둥이 발레리나 / 115

　(2) 평발 축구선수 / 117

　(3) 작은 카페에서 나온 책 / 119

　(4) 많은 실패 속에서 나온 발명품 / 121

　(5) 가난하고 병든 노인의 변신 / 124

열정을 가진 사람 / 126

　(1) 교과서 에디터 / 127

⑵ 대통령이 된 과학자 / 132

⑶ 명곡 '메시아' / 134

⑷ 백신 연구 / 136

겸손한 사람 / 139

⑴ 머슴 출신 목사 / 140

⑵ 신관 사또 / 143

⑶ 겸손의 왕 / 144

사랑을 품은 사람 / 147

⑴ 원수 사랑을 실천한 사람 / 149

⑵ 장애 군인의 사랑 / 152

⑶ 간호사의 사랑 / 154

3장

주변의 멘토

155

전설적인 판매왕 / 159

링컨의 부모 / 160

 ⑴ 어머니 / 161

 ⑵ 아버지 / 163

시각 장애인의 아내 / 165

친구 / 167

할머니 / 169

며느리 / 171

동생의 헌신 / 172

침몰하던 배에서 일어난 일 / 173

4장

멘토의 조언

188

용기 / 182

 ⑴ 제2차 세계대전의 영웅 / 184

 ⑵ 두려움을 넘어 발견한 새 땅 / 186

 ⑶ 절망 속에서의 용기 / 189

리더십 / 191

 ⑴ 모세 / 193

 ⑵ 난세의 영웅 / 196

정체성 / 200

 ⑴ 주기철 목사 / 200

 ⑵ 다니엘 / 202

⑶ 욥 / 204

⑷ 그리스도에 대한 헌신 / 205

가치관 / 208

⑴ 윤동주 / 208

⑵ 이회영과 이완용 / 211

⑶ 마펫 선교사 / 214

맺는 말 / 219

평범한 학생, 비범한 인재

평범한 학생, 비범한 인재

파리는 참으로 아름다운 도시였다. 파리의 상징인 에펠탑, 고딕 양식으로 지어진 웅장한 성당, 몽마르뜨 언덕, 아름다운 샹들리제 거리와 개선문 등 도시 자체가 하나의 예술품이었다. 그래서 파리를 '예술의 도시'라고 하는가 보다. 그리고 독일의 오래된 성과 라인 강을 따라 지어진 주택들도 참으로 아름다웠다.

글로벌선진학교(GVCS)의 1000여 명의 학생이 2018년 9월 26일부터 10월 4일까지 유럽 역사 문화탐방과 국제교육포럼(GEFE 2018, 독일 프랑크푸르트)을 가졌다. 여기에는 중국을 포함한 아시아 각국 여러 학생들이 참가를 하여 국제 교류의 장을 열었다.

유럽 역사문화탐방은 200여 명씩 5개 조(A조 암스테르담, B조: 파리, C조: 프라하, D조: 베네치아, E조: 비엔나)를 이루어 5박 6일 동안 유럽의 주요 지역과 더불어 주요 명문대학교와 기업체를 방문하였다. 또, 길거리에서 이루어진 태권도 시범경기나 버스킹, 전통춤 등 학생들이 벌이는 퍼포먼스에 유럽인들은 많은 환호와 갈채를 보냈다.

독일을 중심으로 한 유럽 문화와 교육의 이해와 체험, 한국과 아시아 교육과 문화 유럽에 소개, 한국 청소년들에게 한국 발전에 기여한 독일의 역할에 대한 현장 교육, 중국 대련금석탄학교의 우주 사랑 교육에 대한 공감대 형성, 우주 사랑과 우주 개발에 대한 포럼과 학력경시대회 등이 개최 목적이었다.

4박 5일 동안 독일 프랑크푸르트 교육 포럼 행사에는 K-POP과 뮤지컬, 그리고 각국 아시아의 전통 춤 등 위주로 진행이 되었는데, 펜실베이니아 캠퍼스의 학생들의 '파독 광부와 간호사'라는 뮤지컬이 큰 공감대를 이끌어내었다.

진행은 모두 영어로 진행이 되었으며, GVCS 학생들이 세계 각국 나라의 학생들 앞에서 조금도 위축되지 않고 유창한 영어 실력을 뽐내는 대회이기도 하였다.

이런 행사는 세계 역사적으로도 유례를 찾아볼 수 없을 정도이며, 아시아의 저력을 유럽의 심장부에서 유감없이 발휘한 훌륭한 대회였다고 생각된다. 학생들도 유럽의 문화를 접함으로써 시야가 많이 넓어지는 계기가 되었으리라고 생각한다. 그 영향인지 몰라도 이후 졸업생 중 유럽으로 진로를 정한 학생이 꽤 되었다.

그동안 유럽은 출산율 저하로 이민자를 적극 수용하는 정책을 취해 왔다. 이로 인해 이슬람권 이민자들이 대거 몰려들게 되었으며, 고도의 기술 산업 체계를 승계할 인재들이 많이 부족하게 되었다. 이런 관점에서 보면 유럽은 친 기독교 국가이며, 인내심이 많고 똑똑한 한국 학생들에게 상당히 많이 열려진 곳이다. 유럽의 재복음화를 위해서라도 비전을 품고 한국 학생들이 많이 가야만 하는 것이 이 시대의 사명이 아닐까?

(1) GVCS 학생들

글로벌선진학교는 세계화 시대에 걸맞은 인재를 키우기에 적합한 교육 시설 환경을 갖추고 있다. 또, 영어 몰입 교육, 교과 집중 이수, 토론식 수업, 그룹 연구 과제, 독서 인증제, 태권도 의무 승단(전교생 2~3단), 국제 자원봉사, 1인 1악기, 클럽 활동 다양화, 고급 과정 과목 선택 다양화, 제2외국어 의무 수강, 체육 활동 강화, 영성 품성 교육 강화, STEAM 융합 교육, 진로기반 진학지도, 스포츠 인재 양성 등 글로벌 인재 양성을 위한 최적의 교육과정을 제공하고 있다.

태권도 교육은 자기 보호 능력, 이웃을 지켜줄 능력을 키우고, 자신감을 갖게 하며 예의범절을 가르치는 지구촌 유일의 교육과정이다. GVCS 태권도 시범단은 국가 행사에 초청을 받을 만큼 그 실력을 인정받고 있다. 합창과 예능 교육은 정서 지능을 향상시켜 자기 절제와 공조 공감 능력을 함양함으로써 행복의 토대를 쌓아가고 있다.

글로벌선진학교는 캠퍼스가 네 개로 나누어져 있다. 먼저, 내가 근무하고 있는 음성 캠퍼스, 문경 캠퍼스, 미국 펜실베이니아 캠퍼스이다. 그리고 초등학교 방과 후 학습을 하는 세종 캠퍼스가 있다. 중·고등학교 학생은 총 1000여 명 정도 세 캠퍼스에 재학을 하고 있고, 방과 후 초등학생은 250명 정도 교육을 받고 있다. 세종 캠퍼스의 초등학교 방과 후 교육은 '최저의 비용으로 최고의 교육 서비스 정신' 정책으로, 이 지역에서 인지도가 상당히 높다. 믿음이 없는 학부모도 양질의 교육 서비스로 인해 학생들로 인해 쉽게 복음을 받아들인다. 중·고등학교 입학의 경우 대부분 신앙인의 자녀들이 입학을 하지만, 믿지 않는 가정의 경우 복음을 받아들이겠다는 학부모의 다짐을 받고 다니는 경우도 있다.

보통 초등학교를 졸업하고 7학년에 입학하여 12학년에 졸업하는 것이 일반적인 과정이나 8~10학년에 편입하는 학생들도 꽤 많다.

그렇다면 100% 생활관에서 엄격한 규정 내에서 생활을 해야 하는 글로벌선진학교에 입학하는 학생들은 어떤 유형의 학생들일까?

첫째, 선교사, 목회자 가정의 자녀이다. 목회 활동을 하다 보면 자녀를 돌보기가 쉽지 않다. 따라서 신앙적으로 자녀가 잘 성장하기를 바라는 마음으로 GVCS에 자녀를 보낸다. 보통 이 학생들이 주로 찬양대, 악기팀, 예배찬양팀, 금요찬양집회 등의 주축 멤버가 되는 경우가 많다.

둘째, 부모가 해외 주재원으로 오랫동안 근무하거나 부모와 외국 생활을 하다 온 자녀이다. 보통 외국의 국제학교에 다니다가 한국에 돌아온 후, 한국의 교육과정에 적응하지 못해 GVCS에 입학하는 학생이 많다. 이들은 외국어를 매우 능숙하게 잘한다. 그리고 공부를 해 보겠다는 의지가 굳은 학생이 많다.

셋째, 첫째 아이를 먼저 보내놓고, 둘째 아이를 보내는 경우이다. 이 경우 사촌이나 친척들의 자녀들도 입소문을 통해 입학하기도 한다.

넷째, GVCS에 자녀를 보낸 부모가 다니는 교회를 통해 입소문을 듣고 입학하는 학생이다. 대부분 학부모들이 신앙이 있는 분이어서 많은 학생들이 교회를 다니는 학부모에게서 정보를 얻고 자녀를 보내는 경우가 의

외로 많다.

다섯째, 부모의 직업이 의사나 회계사, 법무사 등 전문직에 종사하는 부모의 자녀이다. 경제력은 뒷받침되는데, 자녀 돌보기가 쉽지 않은 경우이다. 그리고 자녀가 국내의 치열한 교육 경쟁을 피하고, 창의적이며 자율성이 보장된 교육을 받기를 원해서 보내게 된다.

여섯째, 부모가 맞벌이를 하여 학생에게 신경을 쓸 수 없는 가정의 학생이다. 부모가 함께 운영하는 사업을 한다든가 학원 운영, 식당 등과 같이 밤늦게까지 일을 해야 하는 경우의 자녀이다. 자녀를 믿고 맡길만한 교육 기관으로 생각하여 GVCS를 선택하는 것이다.

일곱째, 축구부, 야구부와 같은 스포츠 학생이다. 일반 스포츠를 운영하는 학교는 아직도 선·후배 간의 위계질서가 엄격하고, 다 그렇지는 않지만 비인격적으로 학생을 대하는 경우도 매스컴을 통해 종종 보게 된다. 그러나 GVCS는 기독교 정신의 바탕에 철저하게 신앙 교육을 시키며, 인격적인 대우와 부정거래 금지 등의 투명한 운영을 한다. 현재 충북지역 주말리그에서 GVCS 중등부 축구부가 압도적인 승률로 1위를 항상 하고 있다. 2019년 전국소년체전에서는 중등부 동메달(3위)을 취득하기도 하였다. 따라서 이곳에서 훈련받기를 원하는 학생들이 상당히 많다.

여덟째, 드물지만 일반 학교에 적응하지 못한 학생이다. 이 경우 내성적인 학생도 있지만, 매우 거친 학생도 간혹 있다. 대부분 학교 및 생활관 생활을 하며, 엄격한 규정 때문에 모난 성격이 조금씩 바뀌는 것을 볼 수 있다. 그러나 폭력성이 있거나 성격이 과격한 학생, 도저히 개선이 되지 않을 것 같은 학생은 대부분 3주간의 프리캠프(Pre-Camp) 관찰을 통해 드러나서 입학허가가 나지 않는다.

아홉째, 학생이 게임 중독이나 휴대폰 등의 지나친 사용 등으로 부모의 통제력이 상실한 경우이다. 글로벌선진학교에서는 휴대폰 사용이 엄격하게 통제되어 있고 노트북 사용도 학교교실에서만 쓸 수 있도록 철저하게 관리를 하고 있기 때문에 학생들이 처음 적응에 매우 힘들어 한다. 그러나 한 학기 정도 생활을 하다 보면 조금씩 익숙해지며, 운동이나 악기 연습, 태권도, 미술, 동영상 제작 등의 일에 흥미를 가지게 된다. 그리고 학교 내 자체 동아리에서 활동을 하기도 한다.

가장 안타까운 경우는 3~6년 동안 학교 및 생활관에서 생활을 하다 보니 부모님의 사고나 갑작스러운 죽음, 예기치 못한 가정 분리(이혼) 등이 발생하여 힘들어하는 학생을 볼 때이다. 이 일로 어떤 학생은 일반 학교로 전학을 가기도 하고, 불안한 미래 때문에 눈물 지으며 상담을 요청하는 학생도 있다. 그 학생을 위로하고 함께 기도하며 따뜻하게 안아주는 길밖에 없다.

펜실베이니아 캠퍼스는 미국과 한국을 비롯한 23개국에서 온 학생들로 구성되어 있다. 미국의 창의적 교육과 한국의 밀착식 교육의 만남으로 인해 훌륭한 교육이 이루어지고 있다. 벌써부터 지역의 각종 대회에서 두각을 나타내고 있어 미국의 교육계를 놀라게 하고 있다.

(2) 세상은 넓고 대학은 많다

GVCS의 캐치프레이즈는 "평범한 자녀를 비범한 인재로!", "하나님께 인정받고, 사람에게 인정받자!"이다. 따라서 학생들이 미래지향적이고 인류에 공헌을 할 수 있는 학과들을 많이 소개하고 있다. 예를 들면, 우주항공기계학과, 유전공학과, 환경공학과, 컴퓨터공학과, 로봇공학과, 정보보안보호학과, 농생명공학과 등이 대표적이다.

한국 학생들은 OECD 국가 중 일주일에 공부하는 시간이 49.4시간으로 1등이다. 수학 및 과학 성적은 상위권이나, 이에 대한 학습 흥미도는 꼴찌 수준이다. 그리고 삶의 만족도, 미래 기대감 등이 거의 꼴찌이다. 이는 삶과 동떨어진 교육을 실시하고 있기 때문이다. 지금 청소년들을 보면 너무 나약해져 있고, 스스로 무엇을 할 수 있는 능력이 현저히 떨어진다. 그리고 많은 학생들이 수포자, 영포자로 낙인 찍혀 학과 수업을 이해하지 못하고 있다. 그럼에도 불구하고 부모들은 많은 돈을 들여 학원에 자녀들을 보내고 있다.

따라서 GVCS의 청소년의 바람직한 교육은 건강, 그 다음 학습이라고 할 수 있다. 육체적으로 건강하고 영적으로 건강해야 올바른 학습이 이루어진다고 할 수 있다. GVCS에서 태권도를 배우게 하는 이유이기도 하다. 태권도에서 인내와 절도를 배우다 보면 몸과 마음이 자연적으로 건강해지고, 캠퍼스에서 드려지는 각종 예배는 영적으로 건강하게 된다. 또, 1인 1악기 정도를 다루는 것을 권장하고 있다. 청소년 시기에 음악은 감성을 키우는 데 매우 좋다.

GVCS 학생들의 80% 정도는 해외 대학으로 진학을 하고 있고, 20% 정도는 국내대학으로 진학을 하고 있다. 졸업생들이 의외로 많이 진학을 하는 곳이 가까운 홍콩에 있는 주요 4개 대학(홍콩대학, 홍콩과학기술대학, 홍콩중문대, 홍콩이공대)이다. 음성 캠퍼스의 졸업생 중 한해 10여 명 정도가 홍콩에 있는 대학에 입학하기도 하였다. 거리상으로도 가깝고, 영어권이며 모두 명문대이어서 선호하는 것 같다. 그리고 미국의 주립대, 유럽의 영국, 독일, 아시아에서는 홍콩 이외에도 중국, 일본 등에 많이 진학을 한다. 졸업생 40% 이상이 세계적인 명문대에 입학할 정도로 눈에 띄는 우수한 성적을 매해 거두고 있다.

한해(음성 13회 졸업생 기준) 미국의 다트머스대, 브라운대, 라이스대, 워싱턴대, 에모리대, 캘리포니아대, 카네기멜론대, 콜게이트대와 영국의 런던대, 캐나다의 맥길대, 브리티시컬럼비아대, 일본의 와세다대, 홍콩의 홍콩시립대, 홍콩중문대, 한국의 고려대, 성균관대 등 세계 주요 대학에 입학시키기도 했다. 이후 세계대학 진학은 다양한 국가로 확대되고 있다. 기대 이상의 성과로 주변에서 많이 놀라고 있다.

이는 오랫동안 쌓아온 교육 노하우와 교사들의 헌신, 학생들의 학업에 대한 열정, 개인 맞춤형 진학지도, STEAM 교육 등이 어우러져 나타난 결과이다.

보통 10학년에 진학을 하면 해외대학을 갈 것인지 국내대학을 갈 것인지 진로를 결정을 하고 가고 싶은 대학과 학과에 맞게 맞춤형 진로지도 교육을 받게 된다. 그리고 미래에 유망한 학과를 소개하고, 학생들이 해외 대학을 졸업하고서도 취업에 어려움이 없도록 학과 선택에 신중을 기하도록 한다.

GVCS 교육과정과 일반학교 교육과정의 가장 큰 차이점은 다음과 같다.

첫째, 원서로 수업을 한다는 것이다. 대부분 미국의 중·고등학교 교과서로 수업을 한다. 따라서 영어는 가장 기본적으로 잘 해야 할 언어이다.

둘째, 배우는 과목 수가 일반학교에 비해 훨씬 적다. 일반학교의 경우 이수 단위를 의무적으로 가르치도록 되어 있어서 과목이 너무 많다. 그에 비해 GVCS의 경우 영어, 수학, 과학 중심으로 커리큘럼이 짜여 있다. 따라서 이 세 과목을 집중적으로 공부하도록 되어 있어서 학습 부담이 일반학교에 비해 훨씬 적다. 그리고 태권도, 음악, 미술 등의 과목도 융합 교육차원에서 가르치고 있다.

셋째, 학생들이 학습과 운동, 동아리 활동, 성경 공부, 태권도 등의 건전한 생활을 한다는 것이다. 핸드폰은 교내에서 일체 사용 금지이며, 인터넷 사용도 학과 공부시간 외에는 제한을 받는다. 따라서 자연스럽게 활동 중심의 건전한 생활을 해 나간다. 과제로 주어지는 동영상 촬영이나 PPT 제출 과제, 방송실 기자재의 빈번한 사용 등은 방송 및 IT 기술의 자연스러운 전문성을 갖추게 만든다. 따라서 방송 관련으로 진로를 정하는 학생도 심심치 않게 볼 수 있다. 또, 악기 사용, 미술 활동, 태권도 등이 늘 생활화되어 있어서 음악 및 미술, 태권도와 관련된 학과로 진로를 택하는 학생들도 있다.

넷째, 해외 진로와 관련된 맞춤형 지도를 해 준다. 해외대학을 목표로 체계적으로 교육하고 지도하는 곳은 국내 학교 중 GVCS가 유일할 것이다. 진학지도실에서는 9학년, 10학년, 11학년, 12학년 각각의 핵심적인 진학지도 목표를 가지고 학년별 전문담당교사가 배치되고 지속적인 심층상담을 통해 진로에 따른 로드맵을 설정하여 중·장기적인 학업 계획을 실행하도록 지도하고 있다. 이를 위해 10학년 대상의 진학캠프를 통해 대륙별, 국가별 대학진학에 대한 정보를 얻도록 하고 있다. 매년 컬리지페어를 통해 동문과의 만남을 주선하고, 매년 20회 이상의 국내외 우수대학 방문설명회를 열어 학생들의 진학을 적극 돕고 있다. 또한, 공인시험준비를 위한 TOEFL과 SAT반 운영과 정기적인 모의 TOEFL 시행을 통해 공인성적 향상을 돕고 있다. 11학년이 되면 내신 향상 관리 지도, 대입준비 필수과목 AP 과목 선택, 공인 인증 시험 응시 계획 설정, 대학별 에세이 검토, 진로 적성 검사 실행, 진로 탐색 수업 실시 등으로 대학입시에 필요한 모든 것을 관리 지도하여 학생들이 맞춤형 공부할 수 있도록 한다. 12학년이 되면 자기 소개서 및 에세이 작성 검토, 포트폴리오 작성 검토, 지원 대학 및 전형 설정, 원서 작성 검토, 필요 서류 작성 및 준비 지원을 통해 최종 대학 결정을 하게 한다. 해외대학의 경우 가을 학기에 신입생 입학이 이루어지므로 이미 합격이 된 학생들은 어학공부에 더 집중하게 된다. 기독교 가치관 속에서 교육 받고 싶어 하거나 해외대학으로 진로를 생각하는 학생들이 꾸준히 입소문을 통해 입학을 하고 있다. 개교 이래 GVCS의 교육성과는 지구촌(한국, 미국, 캐나다, 영국, 독일, 네덜란드, 프랑스, 스위스, 호주, 뉴질랜드, 일본, 홍콩, 싱가포르, 중국 등) 최고의 대학에 대거 진학함으로써, 평범한 학생들이 비범한 학생으로 성장해 가는 동문들을 통하여 입증되고 있다. 또, 경제력이 부족한 학생들을 위해 지속적인 장학 지원 혜택을 받을 수 있도록 돕고 있으며, 누구도 기회를 놓치지 않도록 노력하고 있다. 실제 동문들이 매년 각 대학에서 받는 장학금의 액수는 엄청나다.

다섯째, 학생들의 표정이 매우 밝다. 일반 학교 청소년의 경우 공부에 많이 지쳐 있는 모습이나 GVCS 재학생의 경우 학생들의 표정이 매우 밝다는 이야기를 자주 듣는다. 그만큼 학생들에게 학업에 대한 스트레스보다 그들이 잘 하는 분야와 그 재능을 잘 키워주는 학교 프로그램이 있으니까 가능하다. 학생들에게 공부가 우선이 아니고 건강이 우선임을 분명하게 주지시키기 때문에 학교에서 정말 재미있게 잘 지낸다.

(3) 글로벌 인재 역량 강화 교육

영화 '베테랑'에서 형사 역의 배우 황정민이 한 유명한 대사가 있다.

"내가 돈이 없지 가오가 없냐!"

정말 멋진 말이다. 이러한 마음으로 GVCS 학생들이 세계에 나가서 시련에 맞서 긍정적이며 당당하게 살았으면 하는 마음이다.

GVCS에서는 글로벌 인재 역량 강화를 위해 다음과 같은 몇 가지 프로그램을 진행하고 있다.

첫째, 앞에서도 잠깐 언급을 하였지만 7학년이 되면 의무적으로 그레이스 캠프(Grace Camp)에 참가해 1년 동안 펜실베이니아 캠퍼스에서 원어민과 함께 생활하고 교육을 받게 된다. 이 영어 집중 기간 동안 학생들의 영어 실력이 눈에 띌 정도로 성장을 하게 된다. 어떤 학교에서도 흉내를 낼 수 없는 GVCS만의 자랑이며, 강점이다.

둘째, 방학 기간을 이용하며 국제 자원봉사를 다녀와야 하는 프로그램이다. 어려운 지역에 가서 일정 기간 동안 봉사를 하게 함으로써 글로벌 마인드를 가지게 하며, 이 봉사가 있어야 졸업이 가능하다. 이를 통해 학생들이 학업에만 집중하는 것이 아니라 세상을 둘러보며 관심을 가지게 하는 효과도 있다.

셋째, 글로벌 네트워크 강화 프로젝트이다. 세계 여러 나라의 학교들과 교류를 하면서 외국 학생들을 오게 하여 함께 토론하고, 특정 과목을 정하여 경쟁하면서 선의의 경쟁 및 타문화에 대한 이해도를 높인다.

넷째, STEAM(Science, Technology, Engineering, Arts, Mathematics) 교육 프로그램이다. 예를 들어 스마트폰, 자동차만 보더라도 디자인, 기술, 과학 등의 종합체이다. 따라서 어느 하나의 지식만 가지고는 4차 산업을 이끌어갈 인재가 될 수 없다. 각각의 과목이 연계성을 가지도록 교육을 받는 것이 중요하다.

다섯째, 글로컬 프로젝트(Glocal Project)이다. 이는 청소년 시기에 유럽이나 중남미에서 학교를 다니게 함으로써 글로벌 인재를 현지화하여 양성하는 프로젝트이다.

이외에도 전문가 역량 강화(의료인, 사관학교, 스포츠)를 위한 프로그램이 다양하게 준비되어 있고, Smart Farm 사업을 통해 미래의 오염되지 않은 먹거리 문제 해결에 학생들이 직접 참여할 수 있도록 하고 있다.

생활관

"선생님, 제가 여기 왜 와 있는 줄 아세요?"

"그야 당연히 모르지. 왜?"

"중학교 때 아버지가 나를 경찰에 고소했어요."

2017년 글로벌선진학교(GVCS)에 부임 후 J학생과 상담을 통해 듣게 된 다소 황당한 이야기였다. 학생이 부모와 갈등이 너무 심하자 부모가 자식을 고소하고, 이곳으로 자기를 보냈다는 것이다. 마치 자기를 떼어놓기 위한 선택으로 이곳으로 보냈다고 생각을 하고 있었다. 상담을 통해 부모의 마음이 그렇지 않다는 것을 설명해 주고 위로해 주었지만 그 학생은 그것이 아픔이 되어 있었다. 이와 같이 개인마다 차이는 있지만 부모와의 갈등, 단체 생활의 부적응, 경제적 어려움, 미래에 대한 두려움 등 조금씩 아픔들이 있었다. 물론 좋은 가정환경에 좋은 신앙적 가정의 자녀들도 적지 않았다.

이곳 학교에서는 학생들의 인성 교육을 위해 강의를 개설하고 싶어 했다. 따라서 나는 그동안 20여 년간 교육출판사에서 근무했던 경험을 바탕으로 인성 교육과 관련된 연구 자료들을 중심으로 강의를 하게 되었고, 이 강의 내용을 중심으로 책을 쓰게 되었다.

강의 첫 시간에 항상 하는 활동이 있다. 학생들에게 본인이 가장 소중하게 여기는 것 다섯 가지 이상을 적게 한다. 이때 소중한 것이 반드시 물건이 아니어도 됨을 알려준다. 그리고 먼저 소중한 것 세 가지 외에 나머지는 버리게 한다. 다음 소중한 것 두 가지 외에 버리게 한다. 그리고 마지막으로 한 가지만 선택하게 한다. 그리고 마지막 한 가지를 발표해 보게 한다.

대부분의 학생들이 부모님, 가족, 친구, 휴대폰, 애완동물, 소중한 물건, 돈 등을 소중하게 여기는 것을 알 수 있다. 글로벌선진학교 학생들은 그래도 하나님을 소중하게 여기는 학생들도 의외로 많이 있다. 하나님과 가족을 두고 무엇을 최종 선택해야 할지 고민을 하는 학생도 있다. 결국 선택을 못하고 포기하는 학생, 아예 처음부터 버릴 것이 없다고 포기하는 학생들도 나오기도 한다. 어떤 학생은 어머니, 아버지, 오빠를 두고 최종적으로 어머니만 선택한 학생도 있다. 그렇지만 정작 자신이 가상 소중함을 적는 학생들은 많지 않다. 이 활동을 통해 학생들에게 늘 강조하는 말이 있다.

"이 세상에서 가장 소중한 것은 나(본인)이다!"

나를 사랑해야 남을 사랑할 수 있고, 내가 행복해야 남을 행복하게 해줄 수 있음을 강조하여 설명을 한다. 세상에 하나뿐인 나, 그리고 한 번밖에 살 수 없는 나이기에 정성을 다해 살아야 한다.

특히, 글로벌선진학교에는 중등부 축구부가 있는데, 2019년 전국소년체전에서 동메달을 딸 정도로 실력이 있다. 충북지역 주말리그에서는 거의 적수가 없을 정도로 그 성적이 화려하다. 나는 이 학생들과 상담을 할 때 "개인의 성공을 위해서 경기를 하지 말고 하나님의 영광을 위해서 바른 가치관을 가진 스포츠인으로 성장하기 바란다. 그러면 하나님께서 너의 앞

길을 열어 줄 것이다."라고 늘 말해 준다.

생활담임교사로 생활관에서 학생들과 생활을 하다 보니까 학생들과 매우 가까이서 그들을 보게 된다. 그들의 평소 습관, 행동, 사용 언어, 학습 태도 등 모든 것을 관찰할 수 있다. 교사들이 생각하기에는 별로 대수롭지 않아 보이는데 학생들 사이에서 폭발적인 인기 있는 자리가 있다. 바로 자치위원이다. 사실 자치위원은 교사를 도와 간식 나눔 협조나 청소도움, 설문지 수거, 쓰레기 처리 협조, 층별예배 보조 등 궂은일을 많이 하게 된다. 따라서 봉사와 헌신 정신이 있어야 하며, 생활이 모범적이어야 한다. 자치위원을 누구로 세우느냐에 따라 생활관 층 분위기가 많이 바뀌어 교사들도 자치위원 선정에 신경을 많이 쓴다. 자치위원이 되면 그 층을 대표하는 자리가 되어서 나름 리더십이 생길 수밖에 없는 구조이다. 이러한 경험을 해보고 싶은 것이다.

또, 스포츠 부서의 경우 학년별 주장 자리이다. 이 자리도 은근히 경쟁이 심하다. 물론 축구부 감독과 코치가 정하는 것이지만 그 영향력은 매우 크다. 왜냐하면 한 번 주장을 하면 계속 주장이 되는 경우가 많고 경기 참여에도 유리하기 때문이다.

나는 학생들과 소통을 위해 함께 운동을 하며, 함께 찬양 부르는 것을 좋아한다. 그리고 주말 층별 프로그램이나 토요 층별 예배 등을 자주 갖는다. 그리고 의무자율학습 시간에 수학과외를 한 경험을 바탕으로 수학 문제를 푸는 것을 많이 도와준다. 상당히 많은 학생이 나에게 많이 묻는다. 나는 내가 도와줄 수 있는 것은 최선을 다해 도와준다. 그래서 학생들에게 벽이 없는 선생님처럼 보이기도 한다. 그래서 그런지 학생 중 상당히 많은 학생이 오가다 마주치면 '충성' 하고 거수경례를 장난으로 하는 경우가 종종 있다. 이때 어떻게 대응을 해야 할지 고민을 하다가 좋은 아이디어를 떠올렸다.

'At easy!(쉬어!)'

따라서 학생들이 '충성'을 하면, '어디지'라고 응대를 하기 시작했더니, 처음에는 그 뜻이 무엇인지 모르다가 나중에 알고 박장대소를 하였다. 그리고 나만 보면 '충성' 대신 '어디지'라고 먼저 장난을 치는 학생도 있었다.

학생들을 상담하다가 보면 다양한 환경과 다양한 성격의 학생들을 만나게 된다. 대표적인 학생 몇 명을 이야기해 보고자 한다.

K라는 학생이 있다. 어머니가 경기도에 카페를 운영하고 있고 재정적으로 여유가 있는 편에 속하는 학생이다. 그런데 이 학생은 교사 사이에서 정말 기피하는 학생 중 하나였다. 매학기 지도위원회에 회부될 정도로 학교 규정을 많이 위반하였다. 결국 학교에서 한 번만 더 지도위원회에 회부되는 규정 위반을 한다면 학교에서 퇴학 조치를 할 것이라고 강력한 경고를 주었다. 교사들은 그래도 그 학생은 변화가 없으리라고 생각을 하였다. 그런데 놀라운 일이 생겼다. 그 다음 학기부터 신앙생활을 열심히 하기 시작하더니 공부도 열심히 하기 시작하였다. 그리고 성적이 놀랍게 향상되기 시작하였고, 교회 봉사도 열심히 하는 모습이 보였다. 그래도 교사 사이에서는 의심의 눈초리로 학생을 늘 조심스럽게 지켜보았다. 한두 교사의 입에서 K학생이 예전의 그 학생이 아니라고들 하였다. 어느 날 나는 그의 두

눈을 바라본 적이 있었다. 예전에 무엇인가 불만 가득하고 분노에 가득 찬 그 눈이 아니었다. 눈망울이 아주 순한 양과 같은 눈으로 변해 있었다. GVCS에서 정말 가장 많은 변화를 보인 학생 중 하나였다.

O라는 학생이 있다. 그 학생은 축구부 학생이었다. 부모님이 원두커피를 무척 잘 만드신다고 외박 다녀오면 꼭 교사들 것을 챙겨 가지고 오는 학생이다. 축구부 학생이었지만 공부에 대한 열정이 대단한 학생이었다. 특히 Bio 과목이 어렵다며 나에게 좀 알려 달라고 부탁을 자주 하는 학생이다. 사실 전공이 Bio이기도 하고, 이곳에 오기 전에 중·고등학교 Bio 과목에 대해 책을 써 보기도 하고, 오랫동안 관련 교과서를 만들기도 했던 터라 중·고등학교 수준의 Bio 내용은 훤히 알고 있었다. 따라서 학생들이 모두 잠자는 시간을 이용하여 별도로 그 학생을 지도해 주었다. 그 후 좋은 성적을 받았다며 내 품에 안기던 그 학생을 보며, '이 녀석 몸은 산만한데 아직 어린 아이구나!'라는 생각이 들기도 하였다. 10학년이 되어서 문경 캠퍼스로 전학을 가서 좀 아쉬웠지만 운동과 공부를 병행하려고 노력하는 그 학생의 모습을 보며, '하나님께서 이 학생을 귀하게 쓰실 것 같다.'라는 생각을 해 보았다.

M이라는 학생이 있는데, Bio 전공을 하고 싶어 했다. 10학년 때부터 관심을 가지고 Bio에 대해 자료와 관련 지도를 해 주었다. 내신 성적이 좋아 수시로 국내 대학을 가고자 하였다. 졸업반이 되어 수시 전형을 통해 연세대, 고려대, 경희대에 1차 합격을 하였다. 연세대와 고려대 면접 시간이 겹쳐서 고려대를 포기하였고, 연세대와 경희대 면접을 보았으나 모두 떨어지

고 말았다. 후에 방향을 해외로 전환하여 홍콩과학기술대에 합격을 하여 유학을 가게 되었다는 소식을 들었다. 나는 그 학생의 굳은 의지를 지켜보며, 글로벌 인재로서 훌륭한 역할을 감당하리라고 믿는다.

D라는 학생은 축구부 주장이었는데, 감정 기복이 너무 심하였다. 축구도 잘 하고 리더십도 있는데, 한번 폭발을 하면 지도하기가 너무 힘든 학생이었다. 감정 기복이 심한 성격을 고치지 않으면 다른 학생들과 교사가 많은 상처를 입을 것 같았다. 일단 부모에게 학생의 상태를 알리게 되었고, 축구코치에게도 이런 사실을 알렸다. 그리고 다른 교사에게도 이 사실을 공유하였다. 이런 경우 교사들과 부모의 협력이 매우 중요하다. 자기 자식임에도 불구하고 이러한 성격을 가지고 있는지 부모가 모르는 경우가 많았다. 이 학생의 부모도 마찬가지였다.

이러한 노력으로 인해 그 학생이 조금씩 변하기 시작하였다. 처음에 쉽게 드러냈던 감정을 가급적 억제하려는 노력이 보였다. 어느 날 그 학생이 조용히 찾아와 상담을 요청하였다. 지금까지 자기는 축구만 보고 달려왔는데, 실제는 군인이 되고 싶다는 것이다. 그래서 현실적으로 접근할 수 있는 대안을 제시해 주었다. 대학 진학 후 ROTC를 지원하여 장교로 군입대를 해 보면 어떤지 권유해 보았다. 매우 흡족한 반응을 보였다. 그 학생을 귀하게 쓰실 하나님을 기대해 본다.

Y라는 학생이 있다. 목회자 자녀로 믿음 생활도 열심히 하였다. 늘 생활이 모범적이었고, 찬양대를 주도적으로 이끌어 가는 멤버 중 한 사람이었다. 그리고 한동대학교에 진학을 하고 싶어 했다. 12학년, 생활관에서 휴

대폰 사용이 적발되어 지도위원회에 회부되는 일이 발생하였다. 졸업을 앞두고 지도위원 회부건은 대학진학에 좋지 않은 심리적인 결과를 끼칠 수 있다. 이 일로 그 학생은 정말 많이 고민하였고, 부모도 걱정을 많이 하였다. 한동대학교 면접에서 떨어지고 말았다. 결국 조지메이슨대 송도캠퍼스로 진학을 하였다. 비록 원하는 대학에 입학은 하지 못했지만 공평의 하나님께서 좋은 진로를 열어주셨음을 감사하는 모습을 보았다. 참으로 감사할 일이다.

생활관에서 학생들과 생활을 하다 보면 다양한 학생들을 만나게 된다. 생활담임교사로서 때로는 부모처럼, 때로는 인생을 먼저 살아온 선배로서 멘토의 역할을 해 주기도 한다. 학생들에게 이렇게 자주 이야기 한다.

"하나님이 내 인생의 선장이 되도록 그 방향키를 내어놓는 것이 중요하다."

"신앙인들은 남들이 보지 못하는 그 무엇을 볼 수 있는 눈이 있어야 한다."

경상도 말 중 '만다꼬!'라는 말이 있다. '뭐하러, 뭐 한다고, 뭘 하려고, What for?' 이런 뜻이다.

"만다꼬 그래 쎄빠지게 일했쌌노?"

"만다꼬 그 돈 주고 샀노?"

경상도 말인 위의 말을 표준어로 "뭐하러 그렇게 열심히 일하니?", "뭐하러 그 돈을 주고 구입했어?"라고 바꾸어볼 수 있다.

그리고 대답으로 쓰일 때는 약간 비꼬는 말투로 들리기도 한다.

"난 최신폰 살 거야!"

"만다꼬!"

"난 꼭 이기고 말 거야!"

"만다꼬!"

그런데 이 '만다꼬'라는 말에는 내가 하는 일에 대해 한번 되돌아보게 하는 힘이 있다. 이일 저일 하다 보면 힘이 분산되는데, "왜 내가 이 일을 꼭 해야 하지?" 하고 스스로에게 물어보아 근본적으로 내가 하고자 하는 일과 지금의 하는 일에 대해 한 번 더 생각해 보는 시간을 가지게 한다. 따라서 분산된 힘을 집중해서 사용할 수 있게 한다. 그러면 사람은 평소에 힘을 빼고 살 수 있다.

투수가 공을 던져 공이 날아올 때 어깨에 힘을 잔뜩 주고 공을 치면 좋은 안타가 나올 수 없다. 그러나 힘을 빼고 있다가 결정적으로 공과 야구 방망이가 만날 때 힘을 줘야 공이 멀리 날아가고 좋은 안타가 나온다는 것을 야구를 해본 사람은 알 것이다.

음악도 마찬가지이다. 계속 강한 음으로만 나오면 시끄럽게만 들릴 것이다. 강약이 조화를 이루어야 아름다운 음악이 된다.

이와 같이 평소에 힘을 빼고 살다가 결정적으로 힘을 써야 할 때 써야 좋은 결과를 가져올 수 있다. 평소에 '만다꼬'하며 스스로에게 계속 묻고 힘을 분산시키지 말고, 힘을 빼고 살아야 할 것을 학생들에게 말해 준다.

인기 있는 학생

학생들과 함께 생활을 하다 보니 인기 있는 학생들을 몇 가지로 분류하는 것이 가능하였다.

첫째, 축구를 잘 하는 학생이다. 남학생에게서 축구를 잘 한다는 것은 선망의 대상이다. 일과 후 매일 운동장에서 운동을 하는 학생들에게 축구를 잘 한다는 것은 저절로 리더십이 갖춰지는 모양새이다. 그 인기는 상상을 초월한다.

둘째, 악기를 잘 다루는 학생이다. 주로 찬양팀에서 봉사를 하며, 피아노, 기타, 드럼, 베이스기타 등을 잘 다루면 그 학생 주변에 배우려고 하는 학생들로 늘 북적거린다.

셋째, 공부를 잘 하는 학생이다. GVCS는 Tutor 제도가 있어서 학생이 학생의 공부를 도와준다. 서로 경쟁자가 아닌 절대 평가이므로 이것이 가능하다. 따라서 학점을 잘 받고 싶은 학생은 늘 공부를 잘 하는 학생 옆에서 공부를 한다.

넷째, 동영상 촬영 및 편집을 잘 하는 학생이다. GVCS는 과제 학습으로 동영상 촬영이 많다. 그리고 각종 페스티벌에 동영상 발표가 자주 있다. 따라서 동영상 촬영 및 편집을 잘 하는 학생을 중심으로 학생들이 모이는 경우가 많다. 자연스럽게 그룹의 리더가 된다.

다섯째, 영어를 잘 하는 학생이다. 이는 부러움의 대상이지만 인기 하고는 조금 거리가 있어 보인다. 지역 주민을 위한 토요영어교실 교사로도 봉사를 하고, 외국어로만 진행해야만 하는 각종 자리에 늘 무대 주인공이 된다. 또, 각종 국제대회(올림픽, 아시안게임 등)의 행사 도우미로 참여하는 경우도 많다.

여섯째, 태권도를 잘 하는 학생이다. GVCS를 졸업하려면 2단 이상의 유단자가 되어야 한다. 그리고 각종 페스티벌에 태권도는 빠지지 않고 무대에서 퍼포먼스를 하므로 학생들에게 부러움의 대상이 된다.

이와 같이 학생들 사이의 인기 있는 학생들을 몇 가지 소개해 보았다.

한 층에 40~50명의 시한폭탄과 같은 청소년기의 학생들과 생활을 한다는 것은 매우 힘든 일이다. 인격의 바닥까지 내려갈 각오를 해야만 한다. 힘이 한참 발산되는 이 시기의 학생들은 때로 힘으로 대들기도 하고, 교묘하게 교사의 인격을 모독하기도 하고, 중요한 물건을 숨겨서 골탕을 먹이기도 한다.

한때 크롬북 장(노트북 보관 장소)의 키가 분실이 되었다. 그날 주일이라서 13시부터 도서관에서 신청자에 한해 크롬북을 내주어야 했다. 학생들이 마음에 상처를 주는 비난의 말들이 쏟아졌다.

"왜 안 열어 주시는 거예요?"

"중간고사 망치면 선생님 책임지실 거예요?"

말들이 다소 도발적이었다. 결국 외부 키 수리를 하시는 분을 오게 하여 크롬북 장의 문을 열었다. 이미 교사의 인격은 한없이 추락한 후였다. 외부 수리 비용도 적지 않게 들었다. 그 키는 엉뚱한 곳에서 발견이 되었다. 이후 보조키를 만들어 보관하고 있으나 교사를 골탕 먹이려고 작정을 하고 일을 꾸미는 학생들이 가끔 있다.

그리고 해결하기 어려운 일이 생기면 부모를 통해 문제를 해결하려고 하는 학생이 있다. 이 경우 학교에 항의성 메일이나 전화를 통해 해당 교사가 곤욕을 치르는 경우도 있다.

어떤 경우 휴대폰을 쓰다가 발각이 되면 그 휴대폰을 뺏기지 않으려고 몸싸움을 하는 경우도 있다.

또, 마음에 들지 않는 교사의 초상화를 훼손하거나, 다른 학생의 간식을 일부 몰래 숨겨서 부족하게 하여 교사를 골탕 먹이는 학생도 있다. 분명 규정 위반하는 것을 보았음에도 불구하고 한사코 안했다고 시치미를 떼는 경우도 있다.

이런 일들을 경험하게 되면 교사들도 처음에는 마냥 좋은 마음으로 대해 주던 마음을 닫게 된다. 그래도 머리는 이성적으로, 가슴은 따뜻하게 두려고 노력을 하고 있다. 사춘기 학생들을 돌보는 생활담임교사로서 고충은 말로 헤아릴 수 없다.

사춘기 학생의 특징

청소년을 이해하기 위해서는 이들을 이해해야 한다.
"저 아이를 도대체 이해할 수 없어."
"왜 저런 식으로 말할까?"

"왜 이리 충동적이지?"

"왜 저렇게 과격하지?"

"왜 저렇게 행동하지?"

한번 생각해 보자. 5~6살 된 아이가 주일 낮 예배 시간에 두 시간동안 가만히 꼼짝도 하지 않고 앉아있다면, 이 아이는 정상일까?

아마 두 시간 동안 가만히 있는 아이는 문제가 있는 아이일 것이다. 아이의 이러한 행동은 이해하면서 청소년기의 학생들은 왜 이해하기 어려울까?

청소년기의 학생은 너무나 변화가 심하다.

사춘기 시기에는 신체가 급격하게 성장하고, 성 기관이 발달하여 2차 성징이 나타난다. 그래서 남자는 더욱 남자다운 몸매로, 여자는 더욱 여자다운 몸매로 변한다. 여성의 경우 보통 11~13세, 남성의 경우는 13~15세에 사춘기가 나타난다. 그러므로 남녀 대부분의 중학생 시절이 사춘기에 해당되는 시기라고 생각하면 될 것이다. 사춘기에는 이러한 신체적인 변화뿐만 아니라, 심리적인 변화도 커서 이 시기를 흔히 고민과 갈등의 시기라고도 한다. 그 특징을 간단히 알아보자.

첫째, 변화의 시기이다. 보통 변화가 아니라 엄청난 변화이다. 이 시기 모두다 신체적 발달이 일어나고 정서적 발달이 일어난다. 그러면서 이성에 눈을 뜨게 되고 자기의 정체성을 찾게 되고 정서적 성장기를 가지게 된다. 이들의 행동을 이해할 수 없는 이유는 육체적 성장에 따라 감정적인 변화가 극단을 오가기 때문이다. 따라서 도무지 이해되지 않는 이상한 행동과 말을 하게 된다.

둘째, 타인과 비교하는 시기이다. 많은 사춘기의 특징 중 하나는 외모, 인기, 성적, 재산 등에 굉장한 관심을 보인다. 옆 사람과 스스로 비교하게 되고 비교하면서 자존감이 낮아지든지 아니면 교만해져 버린다. 대부분 자존감이 낮아 자기를 남보다 못하다고 부정적으로 생각하기 쉽다. 이유는 아직까지 자아 정체감이 확립되지 않았고, 이 부분을 정확하게 가르치지 않기 때문이다. 특히 신앙교육에서 가치관의 기준이 물질이나 사람의 평가가 아니라 하나님의 평가가 중요함을 가르쳐야 한다.

셋째, 소속감을 갖고 싶어 하는 시기이다. 소속감을 갖고 싶어 하면서도 또한 청소년들은 독립을 추구한다. 청소년들은 부모의 통제에서 벗어나 스스로 독립적인 성인이 되기 위해 애쓴다. 행동의 독립, 정서적인 독립을 추구하면 나 혼자서도 할 수 있다는 것을 증명하기 위해 도전한다. 그러나 정서적인 측면에서는 부모에게 소속되어 안정되고 싶고 또래 집단에 소속되어 그 속에서 인정받고 싶어 한다. 소속감과 독립이 충돌되는 민감한 시기이다. 그렇기 때문에 부모에게 튀는 행동은 하면서도 부모로부터 모든 재정, 말 부분에서 소속감을 느끼고 의존하는 모순된 행동을 보이기도 한다.

넷째, 자신의 롤 모델을 찾는 시기이다. 왜 연예인을 좋아하는가? 눈에 보이는 선망의 대상이고 그렇게 되고 싶기 때문이다. 그러나 부모로부터 인정과 사랑을 받지 못하여 상처를 받게 되면 사춘기를 잃어버리고 성인 아이가 되어 버린다. 또한 그런 부모 밑에서 자라다 보면 굉장히 왜곡된 청소년 시기를 보내게 된다.

이 왜곡된 사춘기를 겪은 사람은 성인이 된 후에도 치유를 받지 않으면 중년기 때 심각한 중년의 위기(사춘기)를 겪는다. 연예인을 따라하는 것을 무작정 나무라기보다는 개성을 존중해 주고 칭찬해 주어야 한다.

다섯째, 낮은 자존감의 시기이다. 청소년의 특징 중 하나는 자존감이 낮다는 것이다. 그래서 부모들은 "우리 애들은 늘 부정적이고 우울하며 기가 죽어 있다."고 한다. 청소년들은 반 이상이 우울증을 앓고 있다고 한다. 그 이유가 무엇일까? 환경적 요인, 공부, 스트레스 등의 생활에서 오는 것일 수도 있지만 변화의 시기에서 찾아오는 비교로 인해 스스로를 낮게 평가하기 때문이다. 이때 부모와 친척들이 격려해 주고 위로해 주지 않으면 심각한 우울증과 열등감에 고통 받기 쉽다.

여섯째, 신체적인 변화가 일어난다. 이때 몸속의 호르몬이 분비되기 시작하는데, 이 호르몬은 남자와 여자의 몸을 서로 다르게 만드는 동시에 몸의 성장을 돕고 신진대사를 촉진시킨다. 남자는 여자보다 골격과 근육이 더 발달하며, 어깨와 가슴은 넓고 엉덩이는 좁으며, 다리는 수직으로 곧게 뻗고, 체모가 많이 나며 턱수염이 나고 변성을 보이는 등의 변화를 보인다. 여자 또한 골격이 성장하고 지방층이 발달하며, 좁은 어깨와 넓은 엉덩이, 약간 굽은 다리 등의 특징을 보인다. 그러나 급성장 연령은 사람에 따라 다르며 같은 연령층에서도 큰 차이를 보인다.

이 시기의 남학생들은 흔히 여학생들의 신체적 특징을 놀려 주는 경향이 있다. 남녀 학생들이 서로에 대해 관심은 많은데, 이러한 관심의 표현이 엉뚱한 호기심의 표현이나 흥밋거리로 나타나는 모습도 흔히 볼 수 있다. 이처럼 남녀 간의 신체적인 변화에는 다소 차이가 있지만, 이같은 차이는 성인이 되어 가는 성장 과정을 나타낸다. 그러므로 발달 단계에 대한 이해를 통해 서로 간의 변화를 자연스럽고 긍정적인 눈으로 바라보는 것이 좋다.

학생들의 이성교제

"누가 누구를 좋아한데!" 이런 이야기는 학생들 사이에서는 언제나 최대의 관심사이다. 아쉽게도 GVCS에서는 이성교제가 학교 규정으로 금지된 곳이다. 그러나 한참 이성에 호기심이 많은 학생들이 3~6년 동안 같이 먹고 자고 하며 생활을 하는데, 이러한 문제가 발생되지 않으면 그것이 더 이상한 것이다. 특히, 요즘 여학생들은 GVCS 스포츠부 학생들을 좋아하는 학생들이 많아졌다. 따라서 스포츠부 학생들이 연습을 하고 있으면 흘끔흘끔 쳐다보는 학생도 있고, 신·편입생 중에는 'GVCS 스포츠부 학생들이 멋있다는 소문을 들었다.'라고 하는 여학생도 있었다. 그러나 스포츠부 학생들이 이성교제 규정 위반을 하게 되면 많은 불이익이 주어진다. 실제적으로 스포츠부 학생이 이성교제 규정 위반으로 인해 학교를 떠난 학생도 있었다.

K 여학생은 생활에 모범적이고 공부도 잘 하며 피아노를 잘 치는 학생이었다. 내 셀에서 함께 주일성경공부를 하여 더 애정이 가는 학생이었는데, 이성교제로 인해 지도위원회로 회부되어 조금 놀란 적이 있다. 이와

같이 의외의 학생이 이성교제 규정 위반을 하는 경우가 가끔 있다. 청소년기에 이성교제를 하면 긍정적인 면도 있지만 여기에서는 단점만 몇 가지 살펴보겠다.

첫째, 이성만 자꾸 생각함으로써 학과 공부에 소홀해질 수 있다.

둘째, 이성 친구에게 집착하면 동성 친구에게 소홀해질 수 있다.

셋째, 둘만의 지속적인 은밀한 관계는 스킨십까지 발전되어 또 다른 문제를 가져올 수 있다.

넷째, 상대방에 대한 집착으로 폭넓은 인간관계를 방해한다.

다섯째, 공부 및 친구들과 어울림으로써 바람직한 10대를 보내야 할 시간이 낭비된다.

여섯째, 화이트데이, 빼빼로데이, 커플 기념일 등 선물을 준비하다가 보면 용돈의 부담감이 생기게 된다. 그리고 데이트 비용도 많이 들게 된다.

나는 학생들에게 "너희가 부모에게서 독립을 하여 스스로 살아갈 수 있을 때까지 이성교제는 하지 않았으면 좋겠다."라고 조언해 준다.

생활관 예배

GVCS에는 주일 채플예배, 목요일 채플예배, 금요찬양예배, 그리고 매일 있는 새벽예배가 있다. 매일 드리는 새벽 예배는 의무 사항은 아니며, 화요일(음성 캠퍼스 기준)만 의무적으로 참석을 한다. 아침잠이 많은 학생 중 일부는 의무새벽예배에 참석하지 않기 위하여 갖은 꼼수를 많이 부리기도 한다. 옷장에 숨기도 하고, 침대에 누워서 꼼짝도 하지 않기도 하고, 아프다고 하기도 하고, 욕실이나 화장실에 숨기도 한다. 사실 의무새벽예배 때가 되면 학생들과 실랑이를 하느라 교사들도 긴장을 하게 된다. 그래도 결국 대부분 참석을 하게 된다. 다른 예배는 낮이나 밤에 드리므로 별로 힘들어 하지 않는데, 유독 새벽 예배는 힘들어 한다. 그래도 이것이 영성 교육의 중요한 훈련 과정이므로 모두 참석할 수 있도록 지도한다.

생활관에서는 토요일 층별 예배를 드린다. 복도에 30~40여 명의 학생들이 모여서 찬양을 부르고 말씀을 나눈다. 나는 이 시간이 생활관에서 가장 학생들에게 영적으로 양육할 수 있는 시간이라 매우 소중하게 여긴다. 그리고 학생들의 영어 실력을 향상시키기 위하여 영어 성경으로 읽기를 요구하기도 한다.

이때 나는 학생들에게 함께 자주 나누는 말씀이 있다. 팔복에 대한 내용이다. 팔복에 대해 학생들이 아주 이해하기 쉽게 예를 들어가며 설명을 해주어 반응이 무척 좋았다. 팔복은 예수님의 산상보훈(마태복음 5~7장)의 첫 메시지이다. 산상보훈은 예수님이 산 위에서 주신 메시지(산상설교)이다. 학생들이 복의 개념을 정확히 알고 살아갔으면 싶어서 이 말씀을 나누고 함께 묵상을 한다. 이번에는 학생들과 함께 나누는 팔복에 대한 내용을 간단히 소개하고자 한다. 먼저 이 자료는 생활관 층별 예배 때 학생과 말씀을 나눈 것을 토대로 서술하였으며, 여러 자료들을 기도하며 묵상한 것을 생활관 예배에 맞게 정리한 것임을 밝혀둔다.

"예수께서 무리를 보시고 산에 올라가 앉으시니 제자들이 나아온지라 입을 열어 가르쳐 이르시되 심령이 가난한 자는 복이 있나니 천국이 그들의 것임이요 애통하는 자는 복이 있나니 그들이 위로를 받을 것임이요 온유한 자는 복이 있나니 그들이 땅을 기업으로 받을 것임이요 의에 주리고 목마른 자는 복이 있나니 그들이 배부를 것임이요

긍휼히 여기는 자는 복이 있나니 그들이 긍휼히 여김을 받을 것임이요 마음이 청결한 자는 복이 있나니 그들이 하나님을 볼 것임이요 화평하게 하는 자는 복이 있나니 그들이 하나님의 아들이라 일컬음을 받을 것임이요 의를 위하여 박해를 받은 자는 복이 있나니 천국이 그들의 것임이라 나로 말미암아 너희를 욕하고 박해하고 거짓으로 너희를 거슬러 모든 악한 말을 할 때에는 너희에게 복이 있나니 기뻐하고 즐거워하라 하늘에서 너희의 상이 큼이라 너희 전에 있던 선지자들도 이같이 박해하였느니라." (마태복음 5장 1~12절)

(1) 심령이 가난한 자는 복이 있다

심령이 가난한 자는 욕심 없는 가난한 마음을 말한다. 죄의 원인은 무엇일까? 아마 우리 마음속에 있는 욕심에서 비롯된다고 할 수 있다. 욕심이 많아지게 되면 어리석어지고 눈이 멀어지며, 실수하게 되고 판단력도 흐려진다. 그런데 이 욕심은 가치관이 바뀌지 않으면 욕심 없이 살기 어렵다. 어린아이가 오백 원짜리 동전만 받다가 오만 원짜리를 받으면 어떻게 행동할까?

아마 그 지폐의 가치를 몰라 다시 바꾸어달라고 할 것이다. 어린아이는 그럴 수 있다. 그러나 성인이 되어서도 그러한 행동을 취한다면 아마 다른

사람에게 비웃음을 당할 것이다. 오만 원의 가치를 알면 오백 원의 가치에 매달릴 필요가 없어진다. 이와 같이 오만 원보다 비교할 수 없는 가치가 있는 하나님의 나라를 안다면 이 땅 위에 것에 집착할 필요가 없어진다. 그러면 욕심이 없어진다.

예수님은 니고데모에게 "물과 성령으로 거듭나지 아니하며 하나님 나라를 볼 수 없고 들어갈 수 없다."라고 하였다. 하나님의 나라에 대한 욕심이 생기면, 세상 나라에 대한 욕심이 없어진다. 그러면 욕심이 없어지게 되고, 이 땅을 살면서 천국을 사는 것처럼 살 수 있다. "바다는 메워도 사람의 욕심은 못 채운다."라는 속담도 있듯이 예배를 인도하는 나를 포함하여 현실에서는 욕심 없이 살기가 쉽지 않다.

영화 '명당'을 보면 인간의 탐욕과 욕심의 결과가 얼마나 잔인하고 허망한 것으로 나타나는지 잘 보여준다. 욕심 때문에 자기와 뜻이 다른 사람의 목숨을 빼앗기도 하고, 자기 아버지를 살해하기도 한다.

초대교회 성도들이 오순절에 성령 받고 욕심이 없어져 물건을 서로 통용하였다. 따라서 가치관이 달라지게 하고, 심령이 가난한 자 되기 위해 기도해야 한다. 즉, 하나님의 영광을 위해 살면 이 땅 위에 것에 욕심이 없어지게 된다.

(2) 애통하는 자는 복이 있다

예수님은 웃는 자가 복이 있지 우는 자가 복이 있다고 했을까? 애통한다는 것은 무엇일까?

보통 사람들은 남들이 다 얻는데 얻지 못하거나 바라던 것을 이루지 못할 때, 남이 다 누릴 때 누리지 못할 때 애통해 한다.

철학자 에리히 프롬은 그의 저서 '소유냐 존재냐'라는 책에서 인간을 소유형 인간과 존재형 인간으로 나누었다. 소유형 인간은 오로지 가치를 소유에 두고 사는 사람을 말한다. 이 사람의 관심은 무엇을 마실까, 무엇을 입을까, 무슨 자동차를 가질까?, 몇 평의 아파트를 살까? 등에 관심이 집중된다. 오직 그 가치를 소유에 두는 사람이다. 그리고 소유함의 실패에 대해 애통해 한다.

존재형 인간은 사람답게, 인간답게 사는 삶을 말한다. 사도바울은 "오호라 나는 죄인이로다. 하나님의 법대로 살고 싶은데 살지 못하였다."라고 애통해 했다. 마음은 원이로되 육체가 못 지킨 것에 대한 애통이다. 이것이 성경에서 말하는 애통이다.

'서시'에서 보면 하늘을 우러러 한줌 부끄럼 없게 살기를 희망하는 윤동주 시인도 전형적인 존재형 인간이다. 잎새에 이는 바람에도 괴로워한 아주 양심적인 사람이었다.

사도바울, 윤동주의 마음이 애통하는 마음이다.

이와 반대로 바리새인은 애통을 모르는 사람이었다. 자신이 의로운 줄

알았고, 세리와 같지 않음을 감사하였다. 자기 의를 드러내었고, 진정으로 하나님을 사랑하지 않았다. 예수님은 이들을 독사의 자식들, 회칠한 무덤이라고 거칠게 표현을 하였다. 여러분의 삶은 어디에 속하는가?

(3) 온유한 자는 복이 있다

현대인은 상대방을 공격하고 정이 없으며, 차갑고 자기 몫을 악착같이 챙기는 무한 경쟁의 시대에 살고 있다. 부드럽고 관대하며 너그럽고 자비로운 사람, 즉 온유한 사람은 상대방에게 뒤쳐지고, 빼앗기고 손해 보는 삶을 살아가기가 쉽다. 그런데 성경에서는 왜 온유한 사람이 복이 있다고 하였을까?

왜냐하면 이렇게 살벌한 삶을 사는 사람은 하나님에 대한 믿음이 없기 때문이다. 자기 스스로 살아가야 하니까 각박하게 사는 것이다. 따라서 상대방에게 공격적이고 잔인하며, 매정하게 대하는 것이다. 온유하지 않은 사람은 삶에서 하나님을 배제하고 살기 때문에 외롭고 정신이 피폐해져만 간다.

아브라함이 재산이 많아져 조카 롯과 갈라설 때에 "네가 좌하면 나는 우하고 네가 우하면 나는 좌하리라.(창13:9)"라고 땅 우선권을 양보하였다. 삼촌이 먼저 땅 우선권을 갖는 것이 당연하였지만 아브라함은 그렇게 하지 않았다. 아브라함의 이러한 행동이 온유한 것이다. 온유함의 뿌리는 하나님을 믿는 믿음이다. 온유함은 삶의 여유에서 나오며, 강할 때 나온다. 상대방이 예민하게 굴고 나를 만만하게 볼 때 웃어넘길 줄 아는 마음, 그것이 온유이다.

온유한 자는 땅을 기업으로 얻을 것이라고 하였다. 이삭은 우물을 파면 이방인에게 빼앗겼으나 그들과 다투지 않고 새 우물을 팠다. 이삭은 생명과 맞먹는 우물을 양보하고 다툼이 생기면 또 양보하였다. 하나님의 도움으로 큰 재산을 가지게 되었고 우물을 파려는 그에게 여러 가지 방해가 있었지만 그는 다투지 않았고 다른 곳으로 이동하면서 계속 우물을 팠다. 하나님께서는 이삭에게 복을 주어 그가 파는 곳마다 물이 나오도록 하였다. 즉, 계속 새 땅을 기업으로 주신 것이다. 이삭은 온유한 자라고 할 수 있다.

내가 근무하는 곳에 P라는 교사가 있는데, 마음이 따뜻하고 학생을 늘 사랑으로 잘 보살펴 준다. 삶 자체에서 온유함이 넘쳐나는 교사였기에 그의 성격을 잘 아는 교사들과 학생들이 많이 존경하고 좋아한다.

(4) 의에 주리고 목마른 자는 복이 있다

'의에 주리고 목마른 자'란, 하나님의 의에 대해서는 욕심을 부리는 사람이라고 해석을 할 수 있다. 즉, 땅 위에 것에 대해서는 욕심을 내려놓고, 하나님의 의에 대해서는 욕심이 있는 사람을 말한다.

땅 위의 것에 욕심을 부리는 사람이나 세상을 도피하여 홀로 산속에서 생활하는 사람들에게는 공통점이 하나 있다. 둘 다 이기적이라는 사실이다. 한 사람은 세상 욕심을 채우는 것으로, 한 사람은 욕심을 버리는 것으로 행복을 좇지만, 둘 다 '남이야 어찌 되든지 자기만 위하여 산다.'라는 공통점이 있다.

우리는 의에 대한 갈증, 의에 대한 배고픔을 잘 느끼며 살기 어렵다. 따라서 의에 주리고 목마른 사람이란, 자기 이익에는 가난하고 하나님의 의에 대해서는 주리고 목말라 하는 사람을 말한다. 땅 위의 것에 욕심을 내려놓고, 하나님의 의를 갈구하는 삶이 복된 삶이다. 사실 이렇게 살기가 쉽지 않은 세상에 우리는 살고 있다.

(5) 긍휼히 여기는 자는 복이 있다

하나님은 천지를 창조하시고 아담과 하와에게 "땅을 정복하고 다스리라."라고 하셨다. 이는 사랑과 섬김으로 온 세상을 정복하고 다스리며 땅을 뒤덮으라는 의미이다.

선악과의 범죄 이후 인류의 가치관은 많은 변화가 왔다. 하나님의 뜻과 가치관으로 살았던 인류는 욕심에 의해 타락하게 되었다. 타락 전 사랑과 섬김으로 땅을 정복하고 땅을 다스리라는 하나님의 뜻은 사라지고, 사랑은 미움과 다툼으로, 섬김은 짓밟음과 빼앗음으로 변하였다.

전쟁에 있어서 고지를 정복하는 것은 매우 중요하다. 인생도 마찬가지이다. 그래서 높은 지위를 얻기 위해 사람들은 죽기 살기로 공부하고, 악착같이 돈을 벌고, 열심히 직장에서 일해서 승진도 하려고 하는 것이다. 이들은 빼앗고, 누리고 지배하려는 마음으로 열심히 사는 것이다.

열심히 공부하고, 열심히 돈을 벌고, 높은 지위에 승진하는 목적이 다른 사람을 사랑하고 섬기는 마음이어야 한다. 누림이 아니라 섬기는 마음이, 지배가 아니라 다른 사람을 살리고 도와주는 마음이 신앙인의 자세이다.

이 아름다운 열매를 맺기 위한 조건이 바로 긍휼히 여기는 마음, 즉 다른 사람을 불쌍히 여기는 마음이다. 긍휼히 여기는 마음은 바로 사랑의 씨앗과도 같다. 불쌍히 여기는 마음이 없으면 사랑도 있을 수 없기 때문이다. 남을 복되게 하고 자신도 행복하게 하려면 다른 사람을 긍휼히 여기는 사람이 되어야 한다.

아내가 어미 잃은 길고양이를 데려온 적이 있다. 날씨가 추워 그냥 길에 두면 죽을 것 같아 잠시 집 안에 당분간 두었다가 다른 집으로 보내자고 했다. 당시 막내가 초등학교 다녔는데, 이 고양이를 얼마나 좋아하고 소중하게 여기는지 학교만 다녀오면 고양이를 안고 쓰다듬으며 먹을 것을 챙겨 주었다. 아내(간호사)와 내가 모두 맞벌이라 고양이를 챙길 겨를이 없다고 했음에도 불구하고 자기가 챙기겠다고 떼를 써서 결국 집에서 고양이를 기르기로 했다.

막내의 약한 동물을 사랑하고 불쌍히 여기는 마음, 이것이 소중하고 귀한 것이라고 생각한다. 이 마음이 긍휼이다.

(6) 마음이 청결한 자는 복이 있다

한때 인터넷 바둑을 둔 적이 있었다. 정식으로 배운 것은 아니지만 한참 둘 때는 4급까지 놓고 두었다. 바빠서 오랜 시간 바둑을 멀리하다가 새로 시작을 하였더니 6~7급과도 상대하기가 벅찼다. 그러다가 손을 놓고 고수들의 바둑을 보고 있노라면 나도 모르게 4급 수준의 눈높이로 올라져 가 있는 것을 보았다. 왜 그럴까?

그것은 승부욕이라는 욕심 때문에 그런 것이다. 상대방의 대마를 잡기 위해 열심히 쫓다보면 어느새 내 대마가 위험하다는 사실을 놓치고, 열심히 싸우다 보면 내 집은 없고 상대방의 집은 크게 지어진 것을 뒤늦게 보게 된다. 이와 같이 욕심에 눈이 멀게 되면 볼 수 있는 것도 볼 수 없게 되고, 악수와 패착을 두게 된다. 그러나 욕심 없이 다른 사람들 두는 것을 보면 그것이 보이게 되는 것이다.

우리의 인생도 마찬가지이다. 인생의 바둑에서 욕심을 부리게 되면 선수가 아닌 후수를 두게 되어 하수의 삶을 살아가게 된다.

죄가 우리 마음의 창을 더럽히게 되면 앞을 제대로 볼 수 없다. 마음의 창을 깨끗하게 하면 수가 보이게 된다. 그러면 어떻게 마음의 창을 깨끗하게 할 수 있을까?

"마음이 청결한 자는 복이 있나니 하나님을 볼 것이다."라고 하였다. 이를 어느 목사님은 "마음이 청결한 자는 복이 있나니 하나님의 수를 볼 것이다."라고 해석을 했다. 너무 근사한 해석이다. '하나님의 수를 볼 수 있다면 우리의 인생은 실패하지 않을 것이고, 패배도 하지 않을 것이다.

인간에게는 죄 사함의 권세가 없다. 마음의 창을 깨끗하게 하려면, 즉 죄 사함을 받으려면 십자가의 보혈의 피만이 가능하다. 깨끗한 마음을 가지려면 십자가를 붙들고 살아야만 한다. 우리의 죄가 진홍같이 붉을지라도 십자가의 보혈로 깨끗함을 입을 수 있다. 왜냐하면 하나님은 우리를 사랑하시기 때문이다.

"허물의 사함을 얻고 그 죄의 가리움을 받은 자는 복이 있도다."(시 32:1)

(7) 화평하게 하는 자는 복이 있다

신앙인들이 소중하게 여기는 것이 있다. 하나님의 뜻, 정의, 옳음 등이다. 신앙생활에 있어서 옳지 않은 일을 따르지 않는 것은 매우 중요한 가치이다. 그러나 선과 악, 정의와 불의, 옳음과 옳지 않음에 대한 구별이 명확하면 좋겠는데, 실상은 그렇지 않은 경우가 많다. 그래서 나와 생각이 다른 사람을 그릇된 생각이라고 하며 편 가르고 정죄하는 오류를 범하기 쉽다.

마태복음 10장 34절에 이런 말씀이 있다.

"내가 세상에 화평을 주러 온 줄로 생각하지 말라 화평이 아니요 검을 주러 왔노라."

전혀 화평과 정반대되는 말씀인 것처럼 보인다. 화평과 검, 이것을 어떻게 해석해야 할까? 어느 목사님은 이 구절을 다음과 같이 해석하였는데, 상당히 공감이 갔다.

"이는 내 생각과 사상이 다르더라도 그것이 불의와 관련이 없는 일에는 화평하고, 불의한 것이 분명할 때는 검을 들고 그 불의와 맞서서 용기 있게 싸워나가야 한다."고 해석할 수 있다.

자기와 다른 것을 틀림, 불의, 악으로 규정하고, 편 가르고 공격하기 보다는 다름을 인정하고 용납하는 것이 화평이다. 그러나 하나님의 뜻에 반하는 행위, 불의에 대해서는 '좋은 것이 좋은 것이다.'라고 적당히 넘어가서는 안 된다. 나치의 불의에 대해 반대하였던 슈나이더 목사님이나 일제의 신사참배 강요에 자기 뜻을 굽히지 않았던 주기철 목사님처럼 목숨까지도 걸고 용기 있게 싸워야 한다.

예전 서울 길음뉴타운이 생길 때 내가 다니던 교회가 재건축 문제로 인해 담임 목사님과 장로님이 심한 대립을 하고 있었다. 목사님은 성전 건축을 좀 크게 짓고 싶어 했고, 장로님들은 무리하게 짓기보다는 적당한 크기의 교회를 재건축하자는 것이었다. 담임 목사님의 의견을 들어보아도 타당하고, 장로님들의 의견을 보아도 틀린 말은 아니었다. 결국 담임 목사님의 의견에 따라 큰 성전(새생명교회)이 건축되었다. 이것은 서로 다름의 문제이지 옳고 그름의 문제가 아니다. 장로님들이 목사님의 뜻을 존중해 어렵지만 양보를 하여 화평을 이룬 것이었다.

(8) 의를 위하여 박해를 받은 자는 복이 있다

최근 한국에 일하러 온 외국인 노동자들이 많아졌다. TV에 가끔 아빠를 만나기 위해 가족들이 한국에 와서 깜짝 쇼를 하는 경우를 자주 접하게 된다. 그런데 사랑하는 가족을 갑자기 대면하였을 때 벅찬 감격에 눈물을 흘리는 경우가 대부분이다. 가족을 위해 먼 이국 땅에서 외로움과 힘든 노동에도 불구하고 묵묵하게 일을 하는 사람들을 보면 사랑의 위대함을 새삼 깨닫게 된다.

하나님은 우리가 기쁘고 행복하게 잘 살기를 바라는 분이다.

"항상 기뻐하라. 쉬지 말고 기도하라. 범사에 감사하라. 이것이 그리스도 예수 안에서 너희를 향하신 하나님의 뜻이니라." (살전 5:16~18)

그렇다면 사람은 언제 행복할까?

아마 죽을 만큼 사랑하는 사람과 함께 있다면 행복할 것이다.

어느 암 투병 중인 목사님이 "자신이 사랑하는 아내와 자식들에게 암에 걸리지 않고 자신이 암에 걸린 것에 대해 감사하다."라고 하였다.

죽을 만큼 사랑하는 사람이 있다면 그 사람을 위해 목숨을 바쳐도 아깝지 않다.

우리는 신앙생활을 하면서 하나님께서 주시는 복에 대하여 관심이 많다. 그러나 하나님의 의를 위해 당하는 어려움, 모욕, 손해, 핍박, 오해에 대해서는 피하고 싶어 한다. 성경에서는 의를 위하여 핍박을 받은 자는 복이 있다고 한다. 그리고 기뻐하고 즐거워하라고 한다. 하나님을 너무 사랑하여 이로 인해 핍박받는 것을 기뻐하고 즐거워하는 믿음의 경지에까지 이르는 사람이 되었으면 좋겠다.

윤동주의 시 '십자가'에서 십자가 위에 있는 예수님을 행복하다고 표현하였다. 그리고 자신도 의를 위해 목숨까지도 바치겠다는 의지를 보여주고 있다.

하나님을 죽을 만큼 사랑하면 목숨도 내놓을 수 있다. 교회사에서 보면 많은 신앙인들이 헌신, 희생, 순교의 삶을 살았던 것을 볼 수 있다.

최초 순교자인 스데반 집사로부터 현재까지 순교자의 수는 6,000만 명이 넘는다고 한다. 복음은 그렇게 많은 사람이 피를 흘리며 우리에게까지 왔다. A.D. 64년 네로 황제의 박해에 의해 베드로(십자가에 거꾸로 매달림)와 바울(목이 잘리는 참수형)이 순교하였고, X자형 십자가에 달려 순교한 안드레, 목이 잘려 순교한 야고보, 기둥에 매여 순교한 빌립, 피부가 벗겨지고 쇠몽둥이에 맞아 순교한 도마, 창에 찔려 순교한 마태, 피부가 벗겨져 순교한 바돌로매, 참수형으로 순교한 맛디아 등 수많은 제자가 순교의 삶을 택하였다.

여러분은 하나님을 위해 어디까지 드릴 수 있는가?

십자가

쫓아오던 햇빛인데

지금 교회당 꼭대기

십자가에 걸리었습니다

첨탑이 저렇게도 높은데

어떻게 올라갈 수 있을까요

종소리도 들려오지 않는데

휘파람이나 불며 서성거리다가,

괴로웠던 사나이,

행복한 예수 그리스도에게처럼

십자가가 허락된다면

모가지를 드리우고

꽃처럼 피어나는 피를

어두워가는 하늘 밑에

조용히 흘리겠습니다

이츠모하타찌 (いつも はたち)

사람은 누구나 살아가면서 큰 영향을 받고 살아가고 있다. 나에게도 살아가는 데 큰 영향을 준 사람이 있다. 이 세 사람을 소개해 본다.

첫 번째는 문경중학교(경상북도 문경시 소재) 다니던 때(1980~1983)이다. 나는 독서를 무척 좋아하는 학생이었다. 따라서 틈만 나면 작은 도서관에 가서 책을 자주 읽게 되었다. 방학 때는 시간이 되면 먼 길(4㎞ 정도)을 자전거를 타고 와서 독서실에서 책을 읽는 열성을 보이기도 했다. 당시 독후감을 써서 상을 받은 일도 있었다. 그러나 이런 책 읽는 것과 별도로 내가 어려워하는 과목이 있었으니 그 과목은 수학이었다. 물론 영어도 쉽지 않은 과목이었으나 수학은 내가 넘기에는 너무도 어려운 과목이었다. 참고서가 귀했던 당시 상황에서 교과서와 수업만으로 수학을 이해하기는 쉽지 않았으며, 흔히 지금 표현으로 '수포자 학생'이었다. 아마 대부분의 학생들이 이 부류에 속하였던 것 같다. 그래도 마음속으로 늘 수학을 잘해보고 싶은 마음은 있었다.

중학교 3학 때 일이었다. 3학년에게 1주일에 한 번 특별활동을 선택하는 시간이 주어졌는데, 내 눈에 수학반이 눈에 확 들어온 것이다. 나는 너무 기쁜 나머지 얼른 수학반에 지원을 하였다. 그리고 처음 수학반 학생들이 모였을 때 지원자를 보고 많이 실망을 하였다. 구성원 대부분은 대부분 성적이 하위권 학생들로 구성되었으며, 수학을 배우고 싶어서 온 것이 아니라 잠을 자는 시간 또는 쉬는 시간으로 생각을 하고 지원을 했던 것이다.

담당 선생님은 얼굴이 길쭉하여 학생들은 애칭으로 늘 말머리 선생님이라고 하던 정하교 선생님이었다. 그 선생님과 처음 수학반 지원자와 만남의 시간이 있었다. 말씀은 안하셨지만 지원자의 구성원에 대해 조금은 실망을 한 모습이 역력하였다. 그러다가 나를 보더니 딱 지목을 하여 앞으로 수학반 반장을 하라고 하는 것이었다. 너무 놀라기도 했지만 반장이라는 타이틀을 처음 받아본 나는 얼떨떨하였지만 내심 기분은 좋았다.

반장이 되었기에 남들보다 맨 앞쪽에 앉게 되었고, 더 선생님에게 잘 보이고 싶어서 수업도 열심히 들었다. 그런데 정규 수업 때는 어렵게 가르치던 수학을 정말 쉽게 가르쳐 주셨다. 아마도 수학반 지원자들의 수준에 맞게 난이도를 아주 낮게 잡고 자세하게 설명을 하시는 것 같았다. 매주 이 강의를 듣게 되면서 조금씩 수학에 자신감이 생기게 되었고, 차츰 반에서 수학을 잘 하는 학생이 되었다. 학생들에게 그렇게 인식이 되다보니 더 열심히 수학 공부를 하게 되었고, 또 열심히 수학 수업에 집중하는 선순환의 연결고리가 형성되었다. 그후 나는 수학을 잘 하는 학생으로 통하였다. 지금은 고인이 되었을 정하교 선생님에게 늦게나마 그 고마움을 전하고 싶다.

두 번째는 군대에서의 일이다. 나는 경희대학교(86학번) 문리과대학에 입학을 하여 친구들 사이에서는 시골(문경)사람치고는 대학진학을 잘 한 케이스였다. 그래서 가끔 서울에서 문경에 가면 일부러 서울말씨를 흉내 내기도 하고, 한껏 으쓱해진 행동을 하다가 친구들에게 핀잔을 듣기도 하였다. 당시 나는 무엇이든 할 수 있을 것만 같은 희망에 부풀어 있었다. 학과 선배 중에 카이스트 대학원을 준비하는 분이 계셨는데, 자기는 이 다음에 노벨상을 목표로 공부한다고 포부를 밝힌 분이 계셨다. 나는 그 분이 롤 모델이 되었고, 나도 저렇게 멋지게 목표를 잡고 살고 싶어졌다. 그래서 정말 밤늦도록 도서관에서 원서를 펴놓고 사전을 찾아가며 공부를 열심히 하였다.

밤늦은 조용한 도서관의 분위기와 늦은 밤에 도서관을 나올 때 습진 촉촉한 습기, 이때 느껴지는 그 쾌감이란 이루 말할 수 없는 기쁨이었다.

그런데 내가 놓치고 있던 것이 있었다. 군대였다. 당시 누나가 대학교 4학년, 내가 2학년이었으므로 없는 살림에 집에서는 2명의 대학 등록금을 대느라 무척 궁핍해 있었다. 결국 집에서는 2학년 2학기에 군입대를 하라는 통보가 내려졌다. 이로 인해 나의 꿈(노벨상)도 한순간 물거품처럼 날아감을 느꼈다.

1987년 12월 공군 408기로 입대하여 4주 훈련을 마치고, 청주 17비행단에 배치를 받았다. 당시 17비행단은 전폭기 펜텀(F-4)의 주력부대이었다. 나는 펜텀에 들어가는 발칸포 수리담당이었다. 늘 세척제인 솔벤트 냄새와 씨름을 해야만 했다.

당시에도 군대 내에 일부 구타는 여전히 존재하였으며, 15명 정도의 집단 거주하는 내무반은 신병인 내게 정말 잘 맞지 않았다. 군기라는 명목하에 험한 욕지거리, 거침, 신병에게 맡겨진 온갖 잡무들로 인해 내 마음은 상처로 멍들대로 멍들어버렸다. 고요함에 익숙했던 나, 이제는 남에게 지시 받으며 분주하게 지내야 하는 나로 바뀌어 있었다. 그래도 군대의 시간은 흘러가고 나에게도 후임 병사들이 생기게 되었다. 그때 만난 후임이 임동영 형제(410기, 충북대)이다. 임동영 형제는 충북대 CCC(한국대학생선교회) 순장을 하다가 군 입대를 하였다. CCC는 상당히 복음적인 기독교 동아리였다. 하루는 이 친구가 성경을 같이 공부해 보자고 제안을 해왔다. 당시 나는 교회를 다니기는 했지만 형식적이었으며, 술, 담배를 좋아하였다. 이 제안이 나에게는 너무 신선했다. 성경에 무지했던 나는 갑자기 성경에 대한 호기심이 발동하였다. 무의미하게 보내는 군대 생활에서 성경이라도 좀 배워서 제대하자는 생각이 들어 흔쾌히 승낙을 하였다.

우리의 공부 시간은 새벽 5시 30분이었다. 몇 명 뜻이 맞는 친구들까지 4~5명 정도가 함께 공부를 했다. 당시 성경교재는 '10Step'이라는 교재였다. 이 교재는 예수그리스도부터 신약, 구약의 내용까지 전 범위를 다루고 있어서 성경의 전체 개요를 잡는데 무척 좋은 교재였다. 따라서 이 교재로 공부를 하다 보니 어쩔 수 없이 매일 성경을 읽어야만 이해를 할 수 있었고 질문에 답을 할 수 있었다. 그리고 얼마 후 나에게 놀라운 변화가 일어나고 있음을 알게 되었다. 그동안 즐겨하던 술과 담배를 자연스럽게 끊게 된 것이다. 그리고 늘 성경을 야전상의 주머니에 넣어두고 틈만 나면 성경을 읽었다. 그리고 암송카드를 통해 말씀을 암송하기도 하고, 휴가를 맞추어 충북대 지역 CCC 수련회에 참석하기도 하였다. 각박한 군대생활을 통해 하나님께서 강팍한 나를 임동영 형제라는 후임을 통해 변화시켰던 것이다.

복학 후 경희대CCC 동아리에 가입을 하여 대표순장과 연순장(동북지구연합체-경희대, 한국외국어대, 서울시립대, 덕성여대)을 맡게 되었고, 필리핀에 20여 일단기선교도 다녀오게 되었다. 삶의 목적이 임동영 형제라는 후임을 통해 노벨상에서 평신도 사역자로의 삶으로 완전히 바뀐 계기가 되었다. 현재 나로 인해 많은 가족과 친척들이 교회를 다니고 있다.

추운 겨울 어느 날, 임동영 형제가 성경 공부에 앞서 귀한 커피 한 잔을 새벽에 타준 적이 있었는데, 그 커피의 향이 너무 달콤하여 지금도 잊지 못한다.

세 번째는 고려대학교 대학원을 다닐 때 지도교수님(방원기 교수)이 늘 입버릇처럼 하던 말이 있다.

"젊게 살아라!"

"큰 물줄기의 가운데에 서라. 결코 물줄기의 주변에서 맴도는 삶을 살지 마라. 그래야 그 물이 바다까지 흘러간다."

지도 교수님의 그 말씀이 평생 잊히지 않는다. 그분은 서점을 자주 가고 외국어에도 관심을 가지고 공부를 꾸준히 한다고 한다.

그 영향으로 나도 일부러 옷도 젊은 사람처럼 캐주얼 하게 입으려고 하고, 늘 유연한 사고를 하려고 노력한다. 그리고 늘 무엇인가 배우고 도전하려고 노력을 한다.

학생들이 가끔 나에게 나이가 몇 살이냐고 묻는다. 그럴 때마다 나는 웃으며 이렇게 말한다.

"이츠모하타찌!(항상 스무 살이야!)"

스무 살의 청년은 실수를 할 때도 있고, 넘어질 때도 있다. 그러나 젊음으로 다시 일어서고 도전하고 용기 있게 앞으로 나아가는 힘이 있다. 육체적인 연령으로 자신의 능력을 과소평가하는 어리석은 사람이 되지 않았으면 좋겠다.

"우리가 알거니와 하나님을 사랑하는 자 곧 그의 뜻대로 부르심을 입은 자들에게는 모든 것이 합력하여 선을 이루느니라." (롬 8:28)

(1) 교회를 다닌 이유

"교회 같이 안 갈래?"

고2 때 친구 송현이가 나에게 말했다.

"교회는 갑자기 왜?"

"어제 우리 집에 누가 전도하러 왔는데, 혼자 가기 쑥쓰러워서."

나는 어려서부터 교회를 다니다 말다 하며 지낸 터라 교회를 가는 것이 그다지 힘들지 않았다. 그래서 교회에 같이 가자고 했다.

일요일 오후 2시에 학생 예배가 있었다. 사춘기가 되어서 남중·고만 다니던 내가 여학생과 같은 공간에서 예배를 드린다는 것 자체만으로도 묘한 기분이 들었다. 첫날 예배를 드리러 갔다가 풍금을 치는 자매에 대해 관심을 가지게 되었다. 당시 시골에서만 자라서 직접 악기를 연주하는 모습 그 자체만으로도 나에겐 엄청난 관심 대상이었다. 그 이후로 그 자매를 더 보고 싶어 학생 성가대도 서게 되었고, 교회도 물론 빠지지 않고 다니게 되었다. 그러다 보니 주일에 교회를 가는 것은 당연하게 되었고, 교회를 가는 것이 즐거웠다. 부끄럽지만 교회를 다닌 계기가 한 자매에 대한 나의 관심, 즉 불순한 마음으로부터 시작되었음을 고백한다.

"너는 고3인데 교회 갈 시간이 있니?"

같은 반 공부를 잘 하는 성주가 정신 차리라는 듯 말했을 때, 나는 어떤 오기가 있었는지 "걱정하지 마" 하고 그 바쁜 시간에도 열심히 교회 생활을 하였다. 하나님께서 그런 모습을 기특하게 여겼는지 서울 경희대학교에 합격이라는 은혜를 주셨다. 그 자매는 경북대학교에 입학하였고, 졸업 후 일찍 결혼을 했다고 들었다.

지금도 그 시골교회(점촌제일교회)에 가면 풍금이 있던 그 자리를 쳐다보며, 고교시절 두근거리던 마음으로 예배드리던 그때를 생각하고 회상에 잠기고는 한다.

(2) 나의 어린 시절

"나는 7남매 중 6째로 전북 옥구군 나포리라는 작은 마을에서 태어났다. 내가 4살 무렵쯤 아버지가 다니시던 회사에서 보일러 폭발 사고로 돌아가셨다. 따라서 홀어머니 밑에서 자라게 되었다. 이후 외가가 있는 경북 문경으로 이사를 가게 되어, 나는 고향은 전라도이지만 실제 자란 곳은 경북 문경시이다. 어머니는 18살에 시집을 오셔서 36살에 7남매를 키워야 하는 기구한 운명에 처해야 했으며, 정말 억척스럽게 7남매를 키우셨다.

따라서 나는 일찍 철이 들었으며, 중학교 때는 학교를 다니며 아침 일찍 신문 배달을 하기도 하였다. 그래도 늘 긍정적인 마음으로 마음을 잡아주던 어머니의 영향으로, 나도 모든 일에 늘 긍정적이었다.

그래도 희망을 가지고 살았다.

당시 어려운 환경 속에서도 학교를 갈 때 넘나들던 산등성이에서 바라본 아침 해의 강렬함을 잊지 못해 시로 남겨 두었다. 어려운 환경에 좌절을 하며 스스로 포기도 할 수 있었으나 강렬한 아침 해는 나에게 늘 새로운 에너지를 제공했다.

들쭉날쭉한 교회 생활이기는 하지만 어려서부터 교회 나가는 것을 좋아하였으며, 고2 때부터는 본격적으로 교회 생활을 시작하였다. 미래에 대한 불안감, 진로에 대한 불확실성 등 누구에게 의논할 대상도 없고 모든 것을 혼자 결정을 해야 하는 상황에서 교회 생활은 마음의 큰 위안이 되었다.

언덕길

이 산등성이를 지나야만
배움의 터에 갈 수 있는데,
소년이 걷기에는 다소 버거운 길이다

소년은 이 언덕길을 좋아했다

탁 트인 시야 속에 들어오는 농가의 풍경
정겨운 소나무와 새의 지저귀는 소리
붉게 타오르는 구름 속에서
떠오르는 아침 해

소년이 좋아했던
작은 산등성이의 언덕길

그의 꿈은
5월의 눈부신 태양과 함께
이 언덕길에서 그렇게 영글어 갔다

불행과 좌절을 겪은 사람들은 모든 것이 정해진 운명이라고 여기는 경향이 있다. 어차피 이렇게 정해진 운명이라면 바꾸어보려고 노력하느니 그냥 순응하고 사는 편이 낫다고 판단한다. 하지만 처음부터 어둡고 불행한 것으로 정해진 운명은 없다. 운명은 언제나 손 안에 있으니 용감하게 나서서 인생을 새롭게 설계해 나가야 한다.

멘토

멘토

메이저리그(MLB) 전체 평균자책점 1위(14승 5패, 2.32), 내셔널리그 사이영 상 투표 2위인 류현진 선수가 2019년 말에 4년 8,000만 달러(약 928억 원)의 거액으로 토론토 블루제이스와 계약을 하였다.

토론토 블루제이스의 사랑을 받고 있는 베테랑 외야수인 랜달 그리척은 "그는 투구를 할 줄 아는 선수이다. 그는 단순히 구속으로 윽박지르지 않는다. 공을 어떻게 던질 수 있을지 알고 있다."면서 "그는 젊은 투수들을 많이 가르쳐줄 것이라고 생각한다. 그리고 류현진이 팀원들을 달라지게 만들 선수라고 생각한다."며 류현진 선수의 멘토 역할을 기대했다.

그렇다면 류현진 선수에게 기대한 멘토란 무엇일까?

멘토(mentor)의 기원은 BC 13세기 그리스 시대의 유명한 시인 호머가 쓴 서사시 '일리아드'와 '오디세이아'에서 찾을 수 있다.

고대 그리스인의 생활의 단면을 보여주고, 책이나 영화 등으로 많이 알려진 서양 문학의 가장 기본이 되는 책이 일리아드와 오디세이아이다. 신과 영웅들이 번쩍이는 갑옷을 입고 긴 머리를 휘날리며, 아름다운 여인의 사랑을 차지하기 위해서 싸운다는 이야기이다.

일리아드의 내용은 10년 동안 이어진 트로이 전쟁을 주제로 하고 있다.

이 트로이 전쟁은 세 여신 중 제일 아름다운 미인을 뽑는 미인대회로 시작되었다. 이 미인대회에서 우승을 하고 싶은 아프로디테(그리스 로마 신화에 나오는 사랑과 미의 신)는 심사위원인 트로이 왕자 파리스에게 자기를 뽑아주면 이 세상에서 가장 아름다운 여자가 파리스 왕자를 사랑하게 만들어주겠다고 하였다. 결과로 파리스는 아름다운 헬레나를 납치하여 트로이로 돌아가게 되었다. 그러나 헬레나는 스파르타 왕인 메넬라오스 아내이었다.

스파르타의 왕 메넬라오스는 아내 헬레네를 되찾기 위해, 약 10년 동안 트로이와의 전쟁을 벌였는데, 트로이 성을 함락시키지 못한 채 지지부진한 공성전만을 반복하다가 한계에 부딪히게 되었다. 이때 오디세이아가 내부에 사람 30명이 숨을 수 있는 거대한 바퀴 달린 목마를 만들어 트로이 성 안으로 침공하는 계획을 세웠다.

연합군인 이타카왕 오디세이아는 군대 내 기술자들을 불러 거대한 목마를 만든 뒤 자신을 따라 목마 안에 숨을 29명의 용사를 선발하였다. 메넬라오스, 네오프톨레모스를 포함한 29명의 용사들을 엄중하게 고르고 골라내 함께 목마 안으로 은신하였다.

30명의 정예병사들이 목마 안에 성공적으로 숨은 것을 확인한 연합군은 아테나에게 바치는 제사 의식을 마무리한 뒤 일제히 거짓 철수를 하였다.

연합군이 철수한 다음 날 트로이 군 정찰대는 텅 비어버린 진지 한복판에 거대한 목마 하나만 덩그러니 남은 것을 발견하였고, 이를 성에 보고하러 돌아가니 이미 성 안에는 연합군이 남기고 간 목마를 트로이 성 안으로 들이면 트로이가 완벽한 승리를 거둘 것이라는 예언이 널리 퍼져 있었다. 결국 성 안으로 목마는 들어가게 되었다.

그리고 그날 밤, 목마 안에 숨어있던 30명의 정예병사가 미리 잠입해 있던 일행과 합류, 대충 다시 엮어 세웠던 트로이 성의 성문을 간단하게 열어젖히고 대기하고 있던 연합군을 입성시켜 트로이 성을 함락시켰다.

이 전쟁에는 오디세이아 외에도 아킬레우스, 헥토르 등과 같은 영웅들이 등장하고, 이들은 나라와 친구들을 위해 목숨을 걸고 싸웠다.

오디세이아의 꾀에 의해 10년 동안 이어져온 트로이 전쟁은 결국 스파르타와 이타카 연합군의 승리로 맺음을 하게 된다는 내용이 일리아드에서 다루어지고 있다.

오디세이아는 트로이 전쟁이 끝나고 집으로 돌아가는 10년 여정을 그리고 있다.

이 작품의 주인공인 이타카 왕 오디세이아는 전쟁이 시작되기 전 뜻하지 않게 트로이 전쟁에 출전하게 되었다. 그러나 아직 어린 자신의 아들 텔레마코스가 걱정이 되었다. 따라서 절친한 친구이자 충실한 신하인 멘토에게 자신의 집안과 아들 텔레마코스의 교육을 부탁하였다. 그날 이후 멘토는 텔레마코스에게 가정교육과 훗날 왕이 되기 위해 필요한 교육을 시키면서 그의 상담자가 되기도 하고 아버지의 역할도 하게 되었다. 즉, 멘토는 단순한 지식만 전달해 주는 스승이 아니라 삶의 지혜를 가르쳐 주는 인생의 안내자였다. 텔레마코스는 중요한 결정을 할 때 현명한 선택을 하기 위해 멘토에게 많은 조언을 얻었다. 멘토는 텔레마코스가 어렵고 힘든 일을 결정하고 그것을 해낼 때마다 마음으로 늘 그의 곁에서 도움을 주고 충고를 아끼지 않았다.

그 후 '멘토'는 지혜와 신뢰로 한 사람의 일생을 올바르게 이끌어주는 현명한 지도자 또는 삶의 길잡이라는 뜻으로 사용되었다.

멘토가 끼친 긍정적 사례

보스턴의 한 보호소에 앤(Ann)이라는 소녀가 있었다. 앤의 어머니는 결핵으로 돌아가셨고, 아버지는 알코올 중독자였다. 어린 자녀를 돌볼 수가 없었던 아버지는 앤과 그의 동생을 보호소에 보냈다. 그러나 함께 보호소에 온 동생이 결핵으로 죽게 되었다. 앤은 그 충격으로 정신병과 결막 질환으로 인한 실명까지 하게 되었다. 세상의 모든 불행이 그와 함께 하는 듯 했고, 이로 인해 앤은 사람을 보면 공격하고 자해 시도를 했다. 결국 회복 불능 판정으로 정신병동으로 독방 수용이 되었다.

모두 치료를 포기했을 때, 간호사 로라(Lora)가 앤을 돌보기를 자청했다. 로라는 정신과 치료보다는 그냥 앤의 친구가 되어 주었다. 세상에서 버려진 앤에게 로라는 "앤, 나는 정말 너를 사랑한단다."라고 속삭였다. 그렇게 한결같이 사랑을 쏟았지만 앤의 마음의 문은 쉽게 열리지 않았고 가져다 준 간식도 먹지 않고 전부 집어던졌다. 그러던 어느 날 앤 앞에 놓인 초콜릿 하나가 없어진 것을 발견하였다. 이에 용기를 얻고 로라는 "앤, 나는 너를 정말 사랑한단다."라고 속삭였다. 로라가 속삭인 지 183일, 앤은 변하기 시작하였다. 점차 상태가 좋아진 앤은 정상인 판정을 받았고, 파킨스 시각장애아 학교에 입학을 하였다. 그리고 로라가 늘 기도해 주었던 탓에 교회를 열심히 다녔으며, 교회에서 생활을 하게 되자 밝게 웃는 일이 많아졌다.

얼마 후, 로라가 죽는 시련도 있었지만 앤은 로라가 남겨준 사랑으로 시련을 이겨내고 학교를 우등생으로 졸업하였다. 또, 한 신문사의 도움으로 개안 수술을 통해 시력도 되찾았다.

"저도 저를 찾아주셨던 간호사 선생님처럼 저의 도움을 절실하게 필요로 하는 사람에게 찾아가 제 사랑을 나누어주고 싶습니다."라고 앤은 결심을 하였다.

사랑을 나누어주겠다고 결심한 21살의 앤은 듣지도 보지도 말하지도 못하는 7살의 소녀를 만나게 되었다. 7살의 소녀는 어린 시절 앤과 마찬가지로 모두가 포기하고 스스로도 포기한 상태이었다. 어린 앤에게 로라가 그러했듯이 앤은 7살 소녀에게 사랑을 가르쳐 주었다.

어느 날 소녀가 정원에서 꽃 한 송이를 주자 앤은 소녀의 손바닥에 "나는 너를 사랑한단다."라고 적어주었다. 사랑이라는 말을 이해 못한 소녀는 고개를 갸웃거렸다.

"사랑이란 손에 잡히지 않는 것이란다. 하지만 그것이 사람에게 받았을 때 비로소 알 수 있는 것이란다. 사랑이 없으면 행복할 수 없단다."라고 앤은 끝없이 사랑을 알려주었다.

모두가 포기했던 7살 소녀는 중증 장애를 이겨내고 하버드대 졸업, 세계적인 작가겸 교육가로 활동하게 되었다. 소녀의 이름은 '헬렌 켈러', 선생님 앤은 '앤 설리번'이다.

헬렌 켈러는 시각, 청각, 언어의 3중 장애자였다. 설리번 선생의 도움으로 시각 장애, 청각 장애, 언어 장애를 가진 사람으로서 최초로 대학 교육을 받은 사람이 되었고, 인문학 및 법학박사 학위를 받았다. 헬렌 켈러는 한평생 시각 장애인 복지 사업에 헌신했고, 가는 곳마다 신체장애자들로부터 환영을 받았다. 1968년 88세의 나이로 세상을 떠났지만 '세 가지의 고통을 이긴 성녀'로 칭송받고 있다.

설리번은 로라에게 받은 183일의 사랑을 전달하고 싶어서 헬렌 켈러를 찾아가 그 고통을 공감하며 48년 동안 함께 하였다.

"항상 사랑과 희망과 용기를 불어넣어 준 설리번 선생님이 없었으면 저도 없었을 것입니다. 만약, 제가 볼 수 있다면 가장 먼저 설리번 선생님을 보고 싶어요."라고 헬렌 켈러는 설리번 선생님에게 존경과 감사한 마음을 전하였다.

진학지도 사례

나는 20여 년 교육과 관련된 일을 했었기에 주변에 진로 진학과 관련된 멘토를 많이 해 주었다. 특히 나를 잘 아는 주변의 친척들과 친구들은 진로를 놓고 최종적으로 항상 나와 상의를 했다. 그 중 기억에 남는 몇 가지

사례를 소개해 본다.

(1) 사촌동생 지도

1986년 경북의 작은 도시(문경)에서 중·고등학교를 마친 나는 서울에서 대학생활(경희대학교)을 시작하였다. 그 시기 누구나 그렇듯이 재정적으로 여유롭지 못해서 사촌 여동생이 두 명 있는 서울 성북구 길음동 작은집에 서 지내야 했다.

맏이인 지현이는 공부를 잘 하는 학생으로 교사가 되는 것이 장래 꿈이 었다.

당시 대학 진학 제도에는 전기와 후기가 있었고, 전후기 모두 불합격을 한 경우에는 전문대를 진학하든 재수를 해야만 했다. 사촌동생은 서울 소 재 전·후기 사범대학에 모두 불합격을 하였다. 이로 인해 집안은 말도 못 할 정도로 고통을 받고 있었고, 활달한 성격이었던 사촌동생은 웃음을 잃 었다.

나는 기독교 동아리(CCC)에서 활동을 했었는데, 이곳에는 간호학과 학생 이 유난히 많았다. 그러다보니 경희대 간호학과 졸업생은 학부 출신이든 전 문대 출신이든 경희대 부속병원(경희의료원)에 취직이 아주 잘 된다는 것을 알 고 있었다. 그리고 전문대라도 간호학과는 다른 병원에 취업이 잘 될 뿐만 아니라 전문직으로서 평생 보람 있게 지낼 수 있다는 사실도 알게 되었다.

나는 주저 없이 내가 다니던 경희대 간호전문대학(3년)에 가서 원서를 받아왔다. 그리고 사촌동생에게 가져다주고 원서를 넣어보라고 권유했다. 그때 놀란 표정으로 나를 바라다보는 사촌동생의 눈을 쉽게 잊을 수 없다. 지금까지 전문대 진학은 한 번도 생각해 본적도 없었고, 오로지 교사가 되고픈 꿈 하나로 열심히 달려왔기 때문이다.

처음에는 완강하게 거부를 하였다. 숙모와 내가 여러 번 설득 후, 일단 원서를 넣어보고 결과가 나오면 그때 다시 생각해 보자고 합의를 보았다. 왜냐하면 서울 소재 전문대 간호학과는 웬만한 4년제 대학 이상으로 경쟁률과 점수도 높았던 까닭이었다.

사촌동생도 재수 외에는 다른 길이 없음을 알고 나의 권유에 따라 원서를 접수하였다. 그리고 합격을 하였고, 간호학과에 입학을 하였다.

현재 경희의료원에 20년 이상 근무를 하고 있다. 교사의 꿈을 가졌던 사촌동생이 멋진 간호사가 된 것이다. 병원에 근무하면서 공부를 계속하여 석사학위까지 취득하였다. 경희의료원 내에서도 인정을 받고 연봉도 7,000만 원 이상 받는다고 하였다. 가족끼리 해외여행도 자주 다니고 전문직으로서 여유로운 삶을 살고 있다.

지금은 두 아이를 기르는 학부모로서, 병원에서는 전문성을 갖춘 직장인으로서 자기의 길을 묵묵히 걸어가고 있다. 어느 날 사촌동생에게서 메시지가 왔다.

"오빠, 지금 돌아보면 오빠 덕에 내가 잘 살고 있는 것 같아. 20여 년이 지난 일이지만 그때 정말 고마웠어."

(2) 조카 지도

나에게는 공부를 제법 잘 하는 조카가 있다. 고등학교 때 장학금을 받고 다닐 정도로 공부를 잘 하였다. 고3이 되어 수시전형으로 충북대 약학과에 합격을 하였다. 집안에는 이런 조카가 큰 자랑이었다. 최저 조건인 수능 5% 점수 정도는 당연히 충족하리라고 생각하였다. 그러나 수능 최저 조건에서 탈락을 하였다. 한순간 집안 분위기는 침울해졌다. 이후 조카는 재수를 하겠다고 선언하였다.

이때 누님이 나에게 어떻게 하면 좋겠냐고 문의를 하였다. 나는 여러 가지 상황을 고려해 볼 때 재수는 안 하는 것이 좋겠다고 말해 주었다. 그리고 곰곰이 생각을 해 보았다. 조카가 원하는 대학 수준은 최소한 스카이 (서울대, 고려대, 연세대) 수준이었다. 그러나 지금 수능 점수를 보아서는 서울의 주요 대학에 들어가기에도 벅찬 점수였다.

그때 나와 친한 한 친구가 생각이 났다. 그 친구는 시골에서 고등학교를 같이 졸업하여 서울에서 서로 의지하며 살았던 친구였다. 한국항공대 기계공학과에 다녔는데, 한국항공대는 지금은 변하였지만 당시 외관이 고등학교와 같이 정말 볼품없는 캠퍼스를 가진 대학교였다. 그래서 그 친구는 학교를 더 다녀야 할지에 대한 고민이 무척 컸다. 학사 경고 2번, 결국 군대에 도피하다시피 입대를 하였다. 그리고 좋지 않은 학점으로 졸업을 하였다. 그런데 당시 창원의 삼성항공(현 한화시스템)에 보란 듯이 취업을 하였다. 그리고 후에 영국에서 10여 년 근무를 하고 돌아와 현재까지 근무 중이었다. 그래서 한국항공대 기계공학과가 의외로 경쟁력 있는 학과라는 것을 알고 있었다.

결국 나는 조카를 설득하여 한국항공대 기계공학과를 권유하였고, 석사 과정까지 공부하면 좋을 것 같다고 하였다. 다행히 조카는 내 말에 따랐으며, 예비 순번이었지만 합격을 하였다. 그리고 대학원(공학석사)까지 졸업을 하였고, 이후 삼성 기흥 반도체연구소에 취업을 하였다. 만일 그때 재수를 택하였더라면 조카가 힘든 삶을 살았을 거라는 말을 누님에게서 들었다. 그리고 이후 나에게 많은 고마움을 표시하였다.

지난 설 명절 조카를 만났다. 서울 서초동 25평 아파트를 본인 이름으로 샀다고 하였다.

이들 누님에게는 딸이 둘 더 있는데, 이 두 딸도 나의 진학지도를 통해 모두 간호사가 되어 지금 병원에서 열심히 근무하고 있다.

(3) GVCS 학생 지도

2018년 1학기 음성 글로벌선진학교 남자생활관(루디아관)에 근무를 할 때이다. 남자생활관은 요셉관, 루디아관이 있는데, 루디아관은 학교에서 500m 정도 떨어져 있는 생활관이었다. 60여 명의 학생이 외부에서 생활을 해야 하기 때문에 나름 엄선하여 10~12학년의 모범생 학생들로 구성되어 있다.

루디아관 2층에 생활하던 학생 중 유달리 학교에 대해 불만투성인 학생이 있었다. 그 학생은 본인이 원해서 이곳에 온 것이 아니라 부모님이 강제로 이곳에 보내어 마지못해 생활을 하고 있었다. 결국 학생과 상담을 하였다.

이 학생의 불만 사항은 다음과 같았다.

1. 부모님과 사이가 원만하지 않다.

2. 학교는 외국대학 진학을 권유하는데, 학생 본인은 외국대학 진학을 하고 싶지 않다.

3. 국내대학을 진학하기에 글로벌선진학교는 너무 불리하다.

당시 12학년인 이 학생은 진학에 대한 두려움으로 가득 차 있었다. 다행히 국내대학 진학에 대해서는 나름 많이 알고 있었기에 학생의 수준 파악을 먼저 파악하였다. 이 학생은 내신 성적도 꽤 괜찮았고, 토플 성적도 우수하였으며, 영어를 잘 하였다. 그리고 모의유엔 동아리의 회장을 맡고 있었으며, 전국 이름있는 고등학교와 모의유엔 회의(모두 영어로 회의)를 통해 글로벌선진학교의 위상을 높이고 있던 학생이었다.

나는 이 학생의 장점을 보고 수시전형 중 경희대 학생부 종합 네오르네상스전형을 준비해 보라고 권유하였다. 물론 다른 학교도 몇 개 추천해 주었지만, 여러 가지 조건을 보았을 때 경희대가 가장 좋을 것 같다고 조언을 해 주었다.

그리고 자기소개서도 꼼꼼히 검토를 해 주었고, 부족한 부분을 지적해 주며, 서류 지원에 빈틈이 없도록 도와주었다. 결국 이 학생은 경희대 국제경영학과에 합격하였고, 다른 2곳 대학(한국외국어대, 국민대)에도 합격하였다. 최종적으로 경희대 국제경영학과에 입학을 하였다. 졸업식 때 그가 부모와 환하게 웃는 모습을 볼 수 있었다.

가끔 이 학생이 경희대 점퍼를 입고 학교에 놀러오는데, 자신감 넘치는 그 학생의 모습을 보니 진학지도에 도움을 준 나도 뿌듯한 마음이었다.

멘토를 꿈꾸는 사람

불행과 좌절을 겪은 사람들은 모든 것이 정해진 운명이라고 여기는 경향이 있다. 어차피 이렇게 정해진 운명이라면 바꾸어보려고 노력하느니 그냥 순응하고 사는 편이 낫다고 판단한다. 하지만 처음부터 어둡고 불행한 것으로 정해진 운명은 없다. 운명은 언제나 손 안에 있으니 용감하게 나서서 인생을 새롭게 설계해 나가야 한다.

우리는 운명을 바꾸고 스스로 성공을 찾는 비결을 찾아야 한다.

나는 학생들에게 강의를 할 때 멘토를 꿈꾸는 사람은 다음과 같은 내용을 알아야 한다고 강조한다. 그 내용은 다음과 같다.

첫째, 묵묵히 자기 길을 가라.

어린 시절에는 누구든 각자의 꿈을 꾸며 살아간다. 그런데 어릴 적 꿈을 실현하는 사람은 극소수에 불과하며, 대다수는 꿈에서 멀어진 삶을 산다. 꿈을 위해 무엇을 해보려고 하면 주변의 비판과 조롱, 부정적 의견들이 쏟아지기 때문에 꿈을 포기하게 된다. 하지만 스스로 옳다고 확신이 서면 용기 있게 자신의 길을 걸어가야 한다. 타인의 생각이나 말에 휘둘린 채 결정을 미루다보면 꿈을 잃게 된다. 따라서 누군가 나의 꿈이 절대 실현될 리 없다고 말한다면, 즉시 귀를 닫고 그 사람이 하는 말을 듣지 않는 것이 좋다. 명확한 꿈과 끝까지 하겠다는 의지가 있으면 성공할 수 있다. 글로벌 선진학교 졸업생 중에 드럼을 잘 치는 C학생이 있었다. 학과 성적은 그다지 좋지 않았지만 그 학생은 음악으로 진로를 정하고 끊임없이 노력을 하였다. 결국 미국 버클리 음대에 합격하여 후배들에게 좋은 모범 사례로 기억되는 학생이 있다. 채플에서 진행되는 찬양인도의 드럼은 늘 이 친구가 섬겨주었다. S학생은 태권도 시범단 학생이었다. 당연히 국내대학 태권도학과를 진학하리라고 생각을 하여 수시 지원과 자기소개서 쓰는 것을 도와주었다. 그리고 경희대 태권도학과에 합격을 하였다. 그러나 S학생의 꿈은 파일럿이었다. 많은 고민 끝에 결국 중복 합격한 한서대 항공운항학과로 진로를 최종 선택하였다. 나는 그의 선택을 존중해 주었고, 멋진 파일럿이 되어 하늘을 나는 그 학생의 미래를 그려보았다.

둘째, 중요한 일을 먼저 하라.

오늘 열심히 일을 하였는데, 정작 중요한 일은 마치지 못하는 경우가 있다. 급한 마음에 중구난방으로 일을 하다보면 상대적으로 덜 중요한 일에 몰두를 하게 된다. 중요도에 따라 우선순위를 정하는 것이 좋다. 본인만이 가능한 일을 '가장 중요한 일', 타인에게 위임이 가능한 일을 '약간 중요한 일', 가장 많은 비중을 차지하지만 '중요하지 않은 일'로 구분하여 일의 우선순위를 정하는 것이 좋다. 학생에게 가장 중요한 일은 외국어 습득, 수학, 과학 과목이다. 이들을 가장 중요한 일로 두고 열심히 공부를 하여야 한다.

셋째, 한 번 더 생각해야 한다.

다른 사람들의 발자국을 그대로 따라 가면 영원히 자신만의 발자국을 남길 수 없다. 성공하고 싶으면 타인과 다른 생각을 가지고 있어야 한다. 그러나 '무엇을 생각하는가?'에 따라 결과는 다를 수 있다. 눈앞에 있는 것만을 생각할 경우 실패할 가능성이 크며, 보이는 것에서 더 나아가 더 큰 목표를 염두에 두며 생각해 보려는 강렬한 욕망이 있어야 한다. 지금은 고인이 된 현대그룹을 창업한 정주영 회장은 미래 자동차 산업의 대중성을 예측하고 현대자동차를 설립하였다. 그리고 그동안 일본 미쓰비시사의 엔진을 쓰던 것에서 과감하게 엔진 국산화를 통해 1991년 알파엔진을 처음 개발하였다. 이로 인해 현재 현대자동차는 세계에서 인정받는 자동차 회사가 되었다. 만일 일본의 엔진을 그대로 가져다 썼다면 2류 자동차 회사에 머물러 있었을 것이다. 이제는 2002년 개발한 세타엔진의 기술을 미쓰비시에 수출하기까지 해서 기술을 전수해 주기도 했다.

넷째, 긍정적인 마음가짐이 필요하다.

톨스토이는 "세상을 바꾸려는 사람은 많지만, 자신을 바꾸려는 사람은 극소수이다."라고 하였다. 그만큼 마음가짐이 중요하다는 것이다. 사람의 마음가짐은 각종 문제를 해결하는 방법에 영향을 미친다. 만일 지혜가 부족하면 마음가짐이라도 바꾸어야 한다. 물론 세상을 바꾸는 것보다 자신을 바꾸는 것이 더 어렵게 느껴질지도 모른다. 하지만 긍정적이고 개방적이며 따뜻한 마음으로 세상을 바라보면 사물의 아름다운 면을 보게 된다. 그러나 부정적이고 꽉 막히고 차가운 마음으로 보면 세상은 온통 어둡게만 보인다. 이것은 마음가짐의 차이이다. 정주영 회장은 "무엇이든 할 수 있다고 생각하는 사람이 해 내는 법이다."라고 하였다. 즉, 긍정적 사고를 가지고 있는 사람이 큰일을 할 수 있다는 의미이다. 현대조선소를 건립할 당시 일본, 캐나다, 미국에 홀대 받고 아무것도 없는 울산의 모래밭 사진과 거북선이 그려져 있는 지폐 한 장을 보여주며, "한국은 영국이 배를 만들 때 세계 최초로 철갑선인 거북선을 만든 나라입니다!"라고 말했다. 이 말에 감동받고 신용을 얻어 차관을 얻었다고 한다.

다섯째, 내려놓을 것은 내려놓자.

우리는 종종 사람이나 감정, 상황 등에 사로잡혀 내려놓아야 할 때를 놓치고 계속 붙잡고 있다가 후회하게 된다. 하지만 나 자신이 고통을 받으면서까지 내려놓지 못하는 것은 미련이다. 손에 뜨거운 것이 닿으면 잡고 있던 것을 놓는 것은 당연하다. 살면서 더 이상 누구도 사랑할 수 없을 정도로 힘들고 지친다면 자기도 모르게 움켜쥐고 있던 것을 내려놓아야 한다. 그래야 더 좋은 미래를 맞이할 기회가 생긴다. 최선을 다했지만 원하는 바를 실현할 수 없을 때 내려놓는 편을 선택하면 생각지도 못한 길을 찾을 수 있다. 나 자신도 교과서 제작 전문가라는 20여 년의 타이틀을 내려놓자, 현재와 같이 학생들 앞에서 강의를 할 수 있는 새로운 길이 열리는 경험을 하였다. 나는 이 일이 기쁘고 즐겁다.

여섯째, 현재에 충실해야 한다.

우리는 과거에 속상하였거나 안타까웠던 일들을 떠올릴 때마다 현재의 생활과 비교하여 생각한다. 미래 역시 현재 상황과 비교하며 상상하고 계획한다. 그래서 우리의 삶의 기준은 언제나 현재이어야 한다. 과거에 집착하는 사람은 행복해질 수 없다. 미래에 후회하지 않으려면 과거가 아닌 현재에 집중해야 한다. 지금 할 일, 해야 할 일을 당장 시작해야만 삶이 더 만족스러워지고 아름다워진다. 지나간 과거와 오지도 않을 미래를 생각하느라 시간을 낭비하지 말아야 한다. 우리 스스로 컨트롤하고 영향을 미칠 수 있는 것은 오직 현재뿐이다. 지금 일분일초를 충실하게 살면 모호했던 미래 또한 차츰 뚜렷해진다.

일곱째, T 자형 인재가 되자.

T 자형 인간은 하나의 분야에 깊은 지식을 가질 뿐만 아니라, 다른 분야에도 폭넓은 지식과 경험을 보유한 이를 일컫는 말이다. T의 '―'는 횡적으로 다른 분야에 대한 기본적인 지식과 문제 해결능력 등을 고루 아는 것이며 '|'는 종적으로 특정 분야의 전문지식과 능력을 깊이 안다는 뜻이다.

현대 사회가 다원화되어 갈수록, 한 분야에 깊이를 갖추어 가는 것조차 쉽지 않은 일이다. 수많은 지식과 경험의 축적된 가치 있는 데이터를 한 분야에서 쌓아나가면서 장인 또는 고수의 단계에 이르는 데 평균 십년 정도 소요된다고 한다. 이렇듯 한 가지 영역의 전문가에 들어서는 것은 개인의 많은 시간과 노력, 포기하지 않는 열정과 집중이 결실을 맺어서 이루어진다. 한 가지 분야의 깊이를 갖추는 것이 종적인 지식과 경험의 축적이라면 주변 학문과 분야의 다채로운 현상과 지혜의 종합분석력을 갖추는 것은 횡적인 지식의 범위라 할 수 있다. 종과 횡의 깊이와 넓이를 아울러 갖춘 이를 앞서 언급한 T 자형 인간의 유형이라고 한다. 다변화되어가는 현대사회의 불규칙성과 부정확성의 현실을 감안하면 가장 적합한 시대의 인간상이다. 예를 들어, 번역을 잘하기 위해서는 두 언어의 구조와 사회문화, 관습과 역사 등 많은 영역의 이해도가 요구된다. 또 휴대폰이나 자동차도 기술 못지않게 예술적인 안목까지 가지고 있어야 한다.

여덟째, 내 주변을 정리하자.

어떤 심리학자의 연구에 의하면 흐트러진 방, 청소가 되어 있지 않은 사무실 등에서 생활을 계속하면 생리학적인 면에서도 심박 수나 혈압이 증가하고 심장이 두근거리며, 목이나 어깨가 무거워지고 이유 없이 초조해지거나 금방 화를 내게 된다고 한다. 그것은 사람의 마음과 그 사람이 생활하는 방이 서로의 상태에 따라 일정한 자장을 발생시키고 그 자장이 자꾸만 동질의 에너지를 끌어들이기 때문이라고 한다. 즉, 깨끗한 방은 행복한 자장이 형성되어 풍요롭고 행복한 마음을 안겨주고, 더러운 방은 자꾸만 부정적이고 불행한 에너지를 불러들인다는 것이다. 어느 정신과의사는 "정신질환의 시작은 정리정돈이 안된 것에서 시작한다."라고 하였다. 우리는 이러한 악순환의 고리를 끊어야만 한다. 학생들 중에도 정리정돈을 잘 못하는 학생이 많다. 그 학생들의 특징은 옷 입는 것이나 생활하는 것도 질서가 없고, 허둥대며 게으른 경우가 많다. 시간이 부족해 아침식사도 못하거나 대충 먹고 등교하는 경우도 많다. 허둥대다 보니 과제물이나 교과서 등을 빠뜨리고 등교하여 다시 찾으러 생활관에 들어오는 경우도 종종 있다.

정리정돈이 잘된 학생은 항상 조금 일찍 일어나 등교 준비를 하고 과제물도 잘 챙기며, 규칙적인 아침식사도 한다. 하루의 시작이 다른 것이다.

'Broken Window'라는 말을 들어본 적이 있는가?

스탠퍼드 대학의 심리학자 짐바르도 교수는 1969년 매우 흥미 있는 실험을 하였다.

우선 치안이 비교적 허술한 골목을 택하고, 거기에 보존 상태가 동일한 두 대의 자동차를 보닛을 열어놓은 채로 1주일간 방치해 두었다. 다만 그중 한 대는 보닛만 열어놓고, 다른 한 대는 고의적으로 창문을 조금 깬 상태로 놓았다.

1주일 후, 두 자동차에는 확연한 차이가 나타났다. 보닛만 열어둔 자동차는 1주일간 특별히 그 어떤 변화도 일어나지 않았다. 하지만 보닛을 열어 놓고 차의 유리창을 깬 상태로 놓아둔 자동차는 그 상태로 방치된 지 겨우 10분 만에 배터리가 없어지고 연이어 타이어도 전부 없어졌다. 그리고 계속해서 낙서나 투기, 파괴가 일어났고 1주일 후에는 완전히 고철 상태가 될 정도로 파손되고 말았던 것이다. 이 실험에서 사용된 '깨진 유리창'으로 인해 'Broken Window'라는 새로운 법칙이 만들어졌다.

이러한 '깨진 유리창의 법칙'은 나중에 세계 유수의 범죄 도시 뉴욕 시의 치안 대책에도 사용되었다. 1980년대, 뉴욕 시에서는 연간 60만 건 이상의 중범죄 사건이 일어났다. 당시 여행객들 사이에서 '뉴욕의 지하철은 절대 타지 마라.'라는 말이 공공연하게 나돌 정도로 뉴욕시의 치안은 형편없었다. 미국의 라토가스 대학의 겔링 교수는 이 'Broken Window'라는 법칙에 근거해서 뉴욕 시의 지하철 흉악 범죄를 줄이기 위한 대책으로 낙서를 철저하게 지우는 것을 제안하였다. 낙서가 방치되어 있는 상태는 창문이 깨져있는 자동차와 같은 상태라고 생각하였기 때문이다. 당시 교통국의 데빗 간 국장은 켈링 교수의 제안을 받아들여서 치안 회복을 목표로 지하철 치안 붕괴의 상징이라고도 할 수 있는 낙서를 철저하게 청소하는 방침을 내세웠다. 범죄를 줄이기 위해 낙서를 지운다는 놀랄만한 제안에 대해서 교통국의 직원들은 우선 범죄 단속부터 먼저 해야 한다고 반발했다. 물론 당연한 반응이다. 대부분의 사람들은 낙서도 문제지만, 우선은 그런 작은 문제보다는 보다 큰 문제인 흉악한 중 범죄 사건을 어떻게든 빨리 단속해야 한다고 생각할 것이다. 그러나 간 국장은 낙서를 지우는 것부터 철저하게 실행하는 방침을 단행하였다.

낙서가 얼마나 많았던지, 지하철 낙서 지우기 프로젝트를 개시한 지 5년이나 지난, 1998년, 드디어 모든 낙서 지우기가 완료되었다.

낙서 지우기를 하고 나서 뉴욕시의 지하철 치안은 어떻게 되었을까?

믿기 어렵겠지만, 그때까지 계속해서 증가하던 지하철에서의 흉악 범죄 발생률이 낙서 지우기를 시행하고 나서부터 완만하게 되었고, 2년 후부터는 중범죄 건수가 감소하기 시작하였으며, 94년에는 절반 가까이 감소했다고 한다. 결과적으로 뉴욕의 지하철 중 범죄 사건은 놀랍게도 75%나 급감하였던 것이다.

아홉째, 융합형 인재가 되라. 사전적 정의로는 융합은 '둘 이상이 녹아서 하나가 되는 것'이라고 정의한다.

중세 유럽 이탈리아의 메디치 가문에 전쟁을 피해 음악, 미술, 건축 등 다양한 분야의 예술가들이 한데 모여 교류한 것이 르네상스의 기원이 되었다. 다양한 생각과 상이한 분야가 만나서 완전히 새로운 것을 창조해내는 현상을 '메디치 효과(Medici Effect)'라고 한다. 융합과 비슷한 느낌이 난다. 실제로 메디치 가문은 과학자와 예술가의 만남처럼 다양한 생각, 상이한 분야가 서로 만나서 충돌을 일으키도록 유도함으로써 새로운 시대의 리더십을 보여 주었다. 동질적인 것보다 이질적인 것에 희망을 두고 기존의 생각에 다른 생각을 융합시키고자 노력했던 메디치 가문의 융합 리더십 덕분에 이른바 전성기 르네상스(High Renaissance)의 찬란한 예술적 결과물들이 탄생할 수 있었다. 융합은 공동의 목표를 세우고, 문제점을 발견하고 그 해결을 위한 협력과 소통으로 혁신을 이루는 것이다. 그러나 오늘날의 융합은 쉽게 이루어지지 않는다. 융합이 곧 혁신을 이룰 것 같지만 '구슬이 서 말이라도 꿰어야 보배'라는 말처럼 구슬을 꿰어줄 '실'이 부족하다. 또한, 융합의 가장 큰 걸림돌은 서로의 영역을 인정하지 않고 서로 배제하는 상황이 반복되기 때문이다. 융합을 위해서는 다양한 사람을 만나게 해 주고 서로 의견을 나눌 수 있는 장이 필요한 것이다.

그렇다면 융합을 위한 인재는 누구일까? 전문가가 넘쳐나는 세상에서 그들을 엮어주는 '실' 역할을 하는 사람들을 융합형 인재라고 한다. 융합형 인재는 개방적 사고와 유연성, 창의성이 필요하다. 쉬워 보이지만 융합형 인재는 능력은 전문적이고, 사고방식은 다방면에 지식을 가진 사람이다. 또한, 문제를 발견하는 통찰력까지 갖추어야 하며, 각 분야의 전문가들이 협조할 수 있도록 연결하고 소통이 되도록 구심적 역할을 해야 한다. GVCS에서는 융합형 인재를 기르기 위해 STEAM 교육을 실천하고 있다. 주입식 교육이 아닌 과학과 미술, 수학과 과학, 수학과 음악, 과학과 음악 등 그 학문의 벽을 넘나들며 교육을 하고 있다. 창의적인 교육을 한 결과 학생들의 창의력이 많이 향상되고 있음을 동문들의 진학 성공 사례에서 증명되고 있다.

학생의 품격

정장을 말쑥하게 차려입은 신사가 횡단보도를 건너가기 위해서 신호를 기다리고 있다. 횡단보도 앞에는 신사 말고도 여러 명의 사람이 신호를 기다리고 있다. 갑자기 신사가 앞으로 걸어 나갔다. 신사가 걸어가는 것을 보고 주변 사람들도 앞으로 나갔다. 그러나 신호등은 아직 붉은색이었다. 반대로 허름하게 차려입은 남자가 같은 행동을 했다. 그러나 주변 사람들은 반응이 없었다.

이 실험은 사람들은 말쑥하게 정장 차림을 한 타인에 대해서는 신뢰감을 가진다는 것을 보여준다. 즉, 그 사람의 품격을 인정하고, 그가 하는 행동을 쉽게 믿고 따른다는 것이다.

한때 흥행하였던 영화 '킹스맨'에 보면 멋진 슈트에 구두, 만년필, 시계, 안경, 장우산 등 영국을 배경으로 한 영화답게 멋진 신사의 품격을 볼 수 있다. 품격이란 사람의 품성과 인격을 말한다.

그러면 학생의 품격은 무엇일까? 학생들과 생활을 하면서 몇 가지 느낀 점을 제시해 본다.

첫째, 교복을 단정하게 입는 학생이다.

GVCS 학생 교복은 정말 세련되고 멋진 옷이다. 이를 잘 갖추어 입고 다니는 학생들을 보면 '멋지다'라는 생각이 든다. 같은 교복을 입어도 와이셔츠를 바지 안으로 넣지 않고 풀어헤쳐서 다니는 학생, 넥타이를 단정하게 매지 않고 느슨하게 형식적으로 걸치는 학생, 단추를 풀어헤치고 다니는 학생 등 다양한 학생을 볼 수 있다. 교복 차림만 보아도 학생의 학교생활을 짐작할 수 있다. 킹스맨의 신사가 슈트를 멋지게 입고 다니는 것처럼 학생은 교복을 단정하게 입는 것이 좋다.

둘째, 인사를 잘하는 학생이다.

"선생님, 안녕하세요!"

평소에 인사를 잘하는 학생을 만나면 청량제와 같다. 졸업생 중에 K학생이 있었다. 약간 살이 찐 학생이었는데, 역사학을 전공하고 싶다는 학생이었다. 공부도 잘하지 못하고, 조용하고 내성적인 학생이라 친구도 많지 않았다. 그렇지만 항상 진중하고 잘 웃으며, 교사에게 깍듯이 인사를 잘하는 학생이었다. 후에 멋진 역사학자가 되어 있을 그를 기대해 본다.

셋째, 교사의 말에 잘 순종하는 학생이다.

생활관에서 학생들과 지내다 보면 유난히 더 눈길이 가는 학생이 있다. 무엇인가 더 챙겨주고 싶고, 같이 대화를 해도 기분이 좋아진다. 이러한 부류의 학생은 평소 교사의 지시에 잘 순종하는 학생이다. 몇몇 학생은 교사의 지시에 보상을 요구하고, 때로는 따지고, 소리 내어 대들기도 한다. 그런 일을 겪고 나면 교사는 그 학생에게서 기대를 저버리게 된다. 교사와 갈등을 일으키면 학기 내내 학생이 그 피해를 보게 된다는 사실을 기억하는 것이 좋다.

넷째, 봉사를 잘 하는 학생이다.

스포츠부 학생 중 봉사를 매우 열심히 하는 학생이 있다. 의무자율학습이 끝나면 먼저 빗자루부터 찾는 학생이다. 교사의 입장에서 너무 고마운 학생이다. 대부분 학생은 교사의 청소 지시에 형식적으로 하는 척만 하는 경우가 많고 도망가는 경우도 많다. 그렇지만 이 학생은 정말 열심히 봉사를 한다. 교사는 이러한 학생에게 늘 빚진 마음이 들게 한다.

다섯째, 새벽예배를 열심히 참석하는 학생이다.

GVCS는 기독교 신앙을 기본으로 하는 학교라 영성교육의 한 축으로 새벽예배가 매일 있다. 음성 캠퍼스의 경우 일주일 중 화요일은 의무적으로 참석을 하고, 다른 요일은 자율 참석이다. 그런데 의외의 학생이 새벽예배를 빠짐없이 참석하는 경우가 있다. 이런 학생을 보면 정말 기특하다. 교사들 사이에서도 '그 학생은 새벽예배는 빠지지 않는 학생'으로 통하여 칭찬을 많이 하게 된다.

여섯째, 자기 역할을 묵묵히 잘해 내는 학생이다.

생활관은 각 층마다 학생 자치위원을 두고 있다. 이들은 주로 층 교사가 선정을 하게 되는데, 자치위원의 활동 여부에 따라 그 층 분위기가 많이 다르다. 교사를 도와 열심히 자기 역할을 해 주는 자치위원이 있으면 그 층은 원활하게 잘 돌아가게 된다. 물론 학생회 소속 임원이나 찬양팀, 성가대, 예배팀 등도 마찬가지이다. J학생은 학생회장으로, 늘 싹싹하고 예의바르며 모범적이고 공부도 잘 하였다. 후에 미국 존스홉킨스대에 진학하였다. 자기 역할을 잘 해 나가는 학생이 공부도 잘 하는 경향을 보였다.

일곱째, 잘못을 시인하는 학생이다.

교사와 갈등을 일으켜 마음이 서로 불편하였을 때, 학생이 먼저 머리를 숙이고 사죄를 하는 학생들이 있다. 이 경우 서운했던 감정이 눈 녹듯이 녹게 된다. 교사와 학생의 갈등은 학생이 잘못하여 이루어지는 경우가 대부분이다. 먼저 찾아가서 교사의 불편한 마음을 풀어주는 것이 좋다. 어떤 학생은 말로 하지 못하고 쪽지로 써서 사과를 하는 경우도 있다. 이런 학생을 교사 입장에서 보면 너무 귀엽다.

이상 학생의 품격 몇 가지를 소개해 보았다. 마지막 꿀팁으로, 학생이 교사에게 빚진 마음이 들게 만들면 좋은 결과로 보상을 받게 된다는 사실을 기억했으면 좋겠다.

강한 멘탈을 가지려면

요즘은 외래어가 마치 한국어처럼 쓰이고 있다. 솔직히 외래어를 한국어로 번역해서 쓰는 것도 웃기기 때문에 그냥 영어 단어 줄임말을 사용하기도 한다.

멘탈, 멘탈 붕괴(멘붕), 유리 멘탈 등의 말을 한 번쯤 들어 보았을 것이다. 멘탈은 'mental, mentality'이다. '정신, 마음의'란 뜻을 가지고 있다. 우리의 정신 상태가 어떤지 말할 때 쓴다. '멘탈 붕괴'는 말 그대로 '정신 나간, 넋이 나간' 상태를 말한다.

정신력이 강했으면 좋겠지만 살다보면 정신을 송두리째 흔들어 버리는 사건이 종종 발생한다. 그럴 때 '멘붕(멘탈 붕괴)' 됐다고 표현한다. 유리 멘탈은 대담하지 못하고 빨리 겁먹고, 넋이 나가는 사람들에게 붙이는 별명이다. 반대로 강철 멘탈도 있다. 대표적인 사람이 류현진, 박지성, 김연아 선수와 같은 사람이 아닐까 싶다. 철학자 니체는 다음과 같은 말을 했다.

"살아야 할 이유를 아는 사람은 거의 어떠한 상태에서도 견딜 수 있다."

셀리그만이라는 심리학자는 30여 년 동안 곤충이나 동물 대상으로 '반복적인 좌절'을 주고 그 결과 무기력해져서 우울해지는지 확인하는 실험을 하였다.

그는 개를 도망칠 수 없는 우리에 가두어 두고 다음과 같은 실험을 하였다. 우리에 가둔 개에게 전기 충격을 주면 개는 도망치려고 발버둥을 쳤다. 잠시 후 전기 충격을 멈추었다가 또 전기 충격 주기를 반복하였다. 이

과정을 반복하다 보면 어느 순간 개는 전기 충격을 받더라도 더 이상 발버둥치지 않고 앉아서 낑낑대기만 하였다. 개는 좌절하고 체념한 것 같아 보였다.

이를 확인하기 위하여 이번에는 탈출구를 열어주고 나서 전기 충격을 주었다. 그래도 앉아서 낑낑대기만 했다. 개와 마찬가지로 인간도 반복적인 좌절을 겪게 되면 무기력을 학습해서 우울해진다고 한다.

그런데 열 마리의 개 중 여덟 마리는 그냥 있었는데, 두 마리는 탈출구를 열어 주니 탈출을 하였다. 그 비결은 무엇일까? 심리학에서는 이를 회복력이라고 한다. 즉, '멘탈 갑인 개'라고 할 수 있다.

그러면 강한 멘탈을 가지려면 어떻게 해야 할까?

첫째, 남 탓하기에서 탈출해야 한다.

화가 날 때 화의 화살을 밖으로 쏘게 되면 남 탓이 되고, 방향을 틀어서 안으로 쏘면 자책이나 죄책감이 된다. 모두 좋지 않은 결과를 가져오게 된다. 운동선수들이 실수에 집착하여 계속 경기를 하다 보면 더 좋지 않은 결과를 가져오는데, 실수를 빠르게 털어내고 회복하는 선수일수록 좋은 결과를 얻는다고 한다. 어린아이의 경우 뜻대로 안되면 누군가를 탓하고 울고불고 한다. 그런데 성인에게도 이런 감정들이 존재한다. 따라서 이런 어린아이와 같은 감정을 잘 다스리는 것이 중요하다. 자기 연민이나 지나친 감정에 빠져서 쓸데없는 곳에 에너지를 허비하지 않아야 한다. 이런 학생이 실제적으로 GVCS에서도 존재한다. 몇 년 전 아버지의 갑작스런 죽음으로 인해 슬픈 감정에서 오랫동안 헤어 나오지를 못했다.

가끔 집 안이 어지럽거나 정돈이 안 되어 있는 모습을 볼 때 아내가 잔소리를 하는데, 나는 가끔 장난으로 이렇게 대답을 한다.

"다롱이(집에서 기르는 고양이 이름)가 그랬어!"

고양이에게 모든 탓을 돌리면 늘 집 안이 엉망이 되어 있을 것이다.

둘째, 원인을 찾아야 한다.

반복적인 좌절이 올 때 무기력해지지 않으려면 자신에게 문제의 원인이 있을 때 반성해야 한다. 문제의 원인인 안과 밖을 두루 살펴보는 것이 좋다.

멘탈이 약한 사람은 '늘, 언제나, 항상, 절대로, 결코, 한 번도' 등의 단어를 상대방에게 자주 사용하는 경향이 있다. 영구적인 이유로 원인을 찾으면 영원한 결론을 내려버리는 꼴이 되어서 다른 현실이 오너라도 잘 받아들이지 못한다. 우리에 갇힌 개가 '나는 나갈 수 없어.'라고 영구적 이유로 원인을 결론 내어 버리면 탈출구가 생기더라도 탈출할 수 없게 되는 것이다. 만약 개가 내가 '힘이 없어서 그럴 거야.'라고 변화 가능한 이유에서 원인을 찾는다면 두 마리의 탈출한 개처럼 될 수 있는 것이다.

서커스단의 코끼리가 도망가지 못하게 조련하는 방법이 있다. 어린 코끼리를 쇠사슬에 묶어두면 처음에는 도망가려고 발버둥을 치다가 어느 순간 도망치기 시도를 멈추고 만다. 코끼리가 도망갈 수 없음을 영구적인 이유로 원인을 결론 내면 이 코끼리는 절대로 도망을 가지 못한다. 이렇게 영구적인 결론을 내리게 되면 쇠사슬을 끊을 정도로 힘이 아주 세어지더라도 쇠사슬을 끊을 생각을 하지 못하게 된다.

사람도 마찬가지로 한참 성장해 가는 어린 시절에 내렸던 결론을 영구적인 것으로 결정을 내려버리면 성인이 된 후에도 무기력해진 삶을 살아가게 된다. 공부를 못했으면 '나는 머리가 나빠.'라든가, 남 앞에서 말을 잘 못하면 '나는 사람 앞에서 말을 잘 못해.'라고 결론을 내려버리고 만다. 또 무엇인가 시도를 하다가 한두 번 실패한 경험이 있으면 '나는 실패자야.', '또 실패할 거야.'라고 결론을 내리고 만다.

오래된 내비게이션이 지금의 현실을 반영하지 못하면 업데이트 해 주듯이 사람도 주어진 현실에 맞게 반영을 해 주어야 한다. 과거에 내렸던 결론이 과연 지금도 정말 그러한지에 대해 생각을 해 보아야 한다.

셋째, 통제할 수 있는 것에 집중한다.

메타인지란 말이 있다. 메타인지란 "내가 무엇을 알고 무엇을 모르는지, 내가 하는 행위가 어떠한 결과를 내놓을지"를 분명히 아는 것을 말한다. 실제 상위 1% 학습자와 잘나가는 비즈니스맨은 일반인보다 메타인지가 상대적으로 높다. 메타인지가 높은 사람은 자신의 능력뿐만 아니라 자신의 '한계'까지도 매우 명확하게 알고 있다. 따라서 이들은 내가 할 수 있는 것과 할 수 없는 것을 빠르게 파악하고 내가 할 수 있는 것에 최선을 다한다. 바꿀 수 없는 것에 자신의 온 정신을 쏟지 않고 자신이 할 수 있는 일을 묵묵히 한다는 말이다.

1950년대 하와이에서 막 태어난 아이들 800명 정도를 선정해서 이 아이들이 30세가 되기까지 30년 동안 추적하여 성장 과정을 알아보는 연구를 하였다. 800명의 아이들 가운데 200명은 자라는 환경이 아주 좋지 못하였다. 200명의 아이들은 극빈층에서 태어났거나 태어날 때 크고 작은 질병을 겪었거나 부모의 불화가 심하거나 부모가 알코올 중독이 있는 등의 좋지 않은 환경에서 자랐다. 이 아이들은 자라면서 문제아가 되거나 정신질환에 시달릴 것으로 예상이 되었다. 그런데 이들 중 30% 정도 되는 아이들은 아무런 문제도 일으키지 않고 건강한 성인으로 자라났고, 심지어 좋은 환경에서 자라난 아이들보다 더 멘탈이 튼튼하게 성장하였다. 이 아이들은 무엇이 달랐던 것일까?

이들은 문제가 있는 부모와 정서적으로 독립하는 경향이 있었고, 환경을 능동적으로 개척하는 특성을 보였다. 부정적인 영향을 주는 부모 대신에 자신을 돌봐주고 지지해 주는 부모 역할을 해주는 누군가를 찾게 되었다. 그 사람이 양부모인 경우도 있었고, 역할 모델을 해 줄 수 있는 학교 선생인 경우도 있었다. 그리고 부정적인 감정을 배출할 수 있는 활동이나 취미가 있었다. 삶이 힘들 때 힘든 감정을 배출할 수 있는 활동에 몰두하면서 스트레스를 관리하는 특성을 보였다.

환경의 부정적인 영향을 수동적으로 계속 받는 것이 아니라 부정적인 영향에서 거리를 둘 줄 알고 감정적 스트레스를 배출하는 방법을 개발하면서 자신에게 긍정적인 영향을 줄 수 있는 환경을 개척하는 특성을 보였다.

즉, 어렸을 때 외부 환경은 내가 통제할 수 있는 부분이 아니다. 스스로 통제할 수 없는 일에 연연하지 않고 내가 가능한 일, 내가 바꿀 수 있는 일에 최선을 다해야 한다.

감정 다스리기

감정을 컨트롤 하는 능력, 즉 감정 다스리기는 매우 중요한 영역임에도 불구하고 과소평가되기도 한다. 대부분 중요하다고 생각하기는 하지만 이를 위해 많은 노력이나 체계적인 접근을 하는 사람은 그리 많지 않다. 문제가 생기더라도 "저 사람은 성질이 원래 그래.", "제 성격이 원래 그래요." 등으로 넘어갈 뿐이다.

이러한 인식은 좋지 못하다. 예를 들어, 누군가 화를 참지 못하고 일을 그르쳤을 때 성질이나 성격은 절대 용서받을 수 있는 이유가 될 수 없다. 특히 공동체 생활을 하는 생활관에서의 감정 다스리기는 매우 중요한 요소 중 하나이다. 감정이나 마음은 판단력에 큰 영향을 주기 때문이다. 많은 학생들이 자신은 이성적이고 합리적으로 판단한다고 생각하지만 그렇지 못한 경우가 많다. 자기감정을 조절하지 못하여 벽을 치는 학생도 있고, 간혹 화를 내며 심한 욕설을 하는 학생도 있다.

그럼 감정 조절을 잘 하는 사람은 어떤 특징이 있을까?

첫째, 나의 감정을 수시로 잘 표현한다. 감정 다스리기에 능한 사람은 참고 또 참는 것이 아니라 어떤 감정이 느껴지면 곧바로 무엇 때문에 불쾌한지, 싫은지 즉각적으로 표현한다고 한다. 감정을 바로 드러내지 않고 시간이 지난 후 다음과 같이 말할 수 있다.

"아까 네가 한 말 때문에 조금 마음이 상했어. 서로 기분 나쁘지 않게 말을 좀 가려서 해 주면 좋겠다."

둘째, 불필요한 감정을 자제한다. 내면에서 불필요한 감정이 치밀어 오를 때 그런 감정을 처리 또는 무시하기 위한 자신만의 방법이 있다. 운동을 하기도 하고 자신이 좋아하는 성경구절을 암송하거나 음악을 들으며 감정 다스리기를 실천한다. 습관화된 패턴을 이용해 감정이 끓어오르는 위기를 넘기는 것도 좋은 지혜이다.

셋째, 격한 감정에서 금방 돌아온다. 냉정한 사고를 통해 지금 자신이 처한 상황에서 느끼는 격한 감정이 실은 대수롭지 않을 수도 있다는 인식을 가지고 평상시의 모습으로 금방 돌아오는 모습이다. 이것은 회복력, 즉 멘탈이 강하다는 뜻이다. 실제로 많은 사람들이 별 것 아닌 일에 화를 내고 절망에 빠지는 일이 많다. 예를 들면, 학생들 사이에서 자신의 간식(음식물)을 몰래 먹는다든가, 아끼던 모자를 가지고 간다든가 하는 일들이다.

사소한 일들에 감정을 소모하지 말고 소모하더라도 금방 되돌아오는 것이 감정을 조절하는 데 도움이 된다.

넷째, 내면을 주의 깊게 관찰한다.

감정 다스리기를 잘 하는 사람은 자신의 내면을 항상 관찰하는 사람들이다. 스스로에게 물어 보자.

"나는 나를 얼마나 잘 알고 있나?"

"나를 알아가는 데 시간을 얼마나 할애하고 있나?"

물론 그런 학생도 있고 아닌 학생도 있겠지만 깨어 있는 시간 중 나의 내면을 관찰하거나 개성에 대해 생각하는 시간이 얼마나 되는지 체크해 보는 것이 중요하다. 감정을 평온하게 유지하는 사람들은 음악 감상이나

기도, 일기 쓰기, 성경 읽기, 사색하는 시간 등 내면을 바라보는 것이 습관화되어 있다.

다섯째, 작은 행복에 충실한다.

아침에 상쾌하게 일어나서 스트레칭을 하거나 친구들과 어울려 운동을 하고, 공부를 하다 휴식시간에 친구들과 담소를 나누는 등 작지만 확실한 행복을 소중하게 여기는 사람들이 마음을 잘 다스린다.

여섯째, 쓸데없는 걱정은 하지 않는다.

아직 발생하지 않은 부정적인 상황을 상상하지 않는다.

"만일 이번 중간고사를 망치면 어떡하지?", "주말 외박 허락이 안 되면 어떡하지?"와 같은 불필요한 걱정을 하지 않는다는 것이다. 격언 중에는 "공포란 자신을 좋아하는 사람에게 달려가는 반려동물과 같다."라는 말이 있다. 쓸데없는 걱정은 내 마음을 혼란스럽게 만들고 평온함을 깨트린다.

일곱째, 이 또한 지나간다는 것을 명심한다.

기쁨, 즐거움 등의 행복한 감정 또한 여러 다양한 감정과 선택 중의 하나라는 것을 깨닫고 항상 기쁘고 즐거움만 있을 수 없다는 한계를 명확하게 인식하는 것이다. '이 또한 지나간다.'라는 말처럼 슬픔도 즐거움도 영원할 수 없다는 것을 알아야 한다. 즉, 인생이란 희로애락의 복합체인 것이다. 늘 즐거운 일만 가득할 수도, 슬픈 일만 가득할 수도 없으므로 항상 즐거워야 한다는 착각에서 벗어나야 한다.

자존감 높이기

영화 '페넬로피'는 명문가의 자녀이나 가문의 저주로 '돼지코'를 가지고 태어난 페넬로피에 대한 내용이다. 그런 딸이 부끄러워 엄마는 학교도 보내지 않고 세상과 격리된 채 대저택 안에서만 25년을 살았다. 이 저주를 풀수 있는 유일한 방법은 한 남자를 만나 진정한 사랑을 나누는 것이었다.

페넬로피 앞에 부유한 배경을 탐내는 수많은 남자들이 줄을 섰지만, 그녀의 얼굴을 마주한 순간 모두 기겁하며 달아났다. 그런 일을 계속 겪은 페넬로피는 원래는 자신의 모습에 당당한 사람이었지만, 점점 위축되고 남들 앞에 나서지 못하는 자존감이 매우 낮은 사람이 되어버렸다.

영화는 자존감이 낮은 페넬로피가 어떻게 자기 자신을 사랑하게 되었는지에 대한 내용으로 구성되어 있다. 억지로 자신과 결혼하려고 하는 남자와 결혼식장에서 거부를 하고 엄마에게 "저는 이대로의 제 모습이 좋아요."라고 말함과 동시에 페넬로피의 저주는 풀리게 된다는 내용의 줄거리이다. 저주의 열쇠는 자기 자신을 사랑하는 것이었다.

영화 페넬로피는 모든 인간의 숙제이자 평생 자신의 삶을 지배하는 자존감에 대해 이야기한다. 그리고 이 자존감을 어떻게 다루어야 하면 좋을지 지혜를 준다.

사실 GVCS 학생 중에도 자존감이 매우 낮은 학생이 있다. 몸무게가 너무 많이 나가서, 성적이 너무 낮아서, 잘 하는 것이 없어서, 외모에 자신이 없어서 등 그 이유도 다양하다. 이런 부류의 학생은 같은 또래 친구들과 잘 어울리지 못하고 늘 혼자 지내며, 위축된 모습을 보인다.

자존감이란 자아존중감의 줄임말이다. 자신이 사랑받을 가치가 있는 소중한 존재라고 느끼는 것, 어떤 성과를 이루어 낼 수 있는 유능한 사람이라고 믿는 마음이다. 자신감과 자부심의 근간은 자존감이다. 자존감이 높으면 높을수록 자신감과 자부심이 높다.

그러면 자존감을 높이기 위해서는 어떻게 하면 좋을까?

첫째, 작은 목표를 세워 성취해 보자.

매일 작은 목표를 세워서 성취하면 어느새 큰 목표를 달성 하고 있는 자신을 보게 될 것이다. 예를 들어 매일 15분 성경 읽기, 15분 영어공부하기 등과 같은 부담 없는 목표를 세우고 그것을 성취하다 보면 100일이 지나고, 1년이 지나고, 3년이 지나면 뿌듯함과 자부심을 경험할 수 있다. 그 경험을 바탕으로 새로운 목표들을 세우고 또 꾸준히 실천하면 낮아진 자존감을 끌어올릴 수 있다.

둘째, 어깨를 펴고 당당하게 걸어보자.

바닷가재는 바닷속 깊은 곳에서 좋은 보금자리를 확보해야 자손의 번식이 가능하다. 물론 좋은 자리는 다른 바닷가재와 경쟁을 해야 한다. 따라서 경쟁에서 이긴 바닷가재는 늠름하고 당당하게 걷는다. 그리고 새로운 상대를 만나도 경쟁에서 잘 지지 않는다. 반면, 영역 싸움에서 진 바닷가재는 매일 위축된 모습으로 지내며, 새로운 상대를 만나 경쟁을 해도 피해 다니기 바쁘다. 그래서 실패하고 좌절하더라도 패배한 바닷가재처럼 위축된 모습으로 다니지 말아야 한다. 마치 승리한 바닷가재처럼 당당하게 걸어야 한다. 당당하게 걷기만 해도 자존감이 상당히 올라간다.

셋째, 자신을 가치 있는 존재로 인식하자.

다이아몬드가 비싼 이유는 희소성, 아름다움, 변하지 않는 가치 때문이다. 유명한 화가의 미술 작품은 수백억 원에 거래된다. 사람의 가치는 어떨까? 돈으로 환산할 수 있을까? 나는 우주에서 유일한 존재이다. 그 어떤 화폐로도 비교할 수 없는 가치가 있다. 내 존재를 소중하게 인식하면 자존감이 올라간다.

넷째, 자신을 인정하고, 사랑해 보자.

영화 '페넬로피'에서 페넬로피가 자기 자신을 사랑한다고 했을 때 저주가 풀렸다. 저주가 풀렸다는 의미는 더 이상 자신의 코를 부끄러워하지 않겠다는 의미이다. 철학자 에픽테토스는 "자신에게 주어진 삶을 연극무대의 하나의 역할이라고 생각하고 최선을 다해서 살라."고 했다. 나에게 왜 이런 역할이 주어졌는지 원망하기보다는 생각을 바꾸어서 자신에게 주어진 삶, 여건, 환경을 있는 그대로 받아들일 때 자유로워질 수 있다는 것이다.

자존감은 마음의 면역력과 비슷하다. 면역력이 떨어지면 신체는 감기에 걸리듯이 자존감이 낮아지면 마음의 감기에 걸리게 된다. 따라서 마음의 면역력을 유지하고 향상시키기 위해 부단히 노력해야 한다.

긍정이 주는 효과

1968년 미국의 교육 심리학자인 로젠탈과 제이콥슨은 샌프란시스코의 초등학교에서 지능 테스트를 했다. 테스트를 하면서 담임교사에게 "앞으로 수개월간 성적이 오르는 학생을 산출하기 위한 조사"라고 하였다.

테스트를 끝낸 후 성적이 오를 수 있는 학생의 명단을 만들어 담임교사에게 전달해 주었다. 그러나 그 명단은 사실 학생들 중 무작위로 뽑은 20%의 명단일 뿐이었다.

담임교사는 그 학생들에게 기대를 품었고, 8개월 후 그 학생들의 성적은 크게 향상되었다. 담임교사의 기대와 격려, 그리고 담임교사의 기대를 의식한 학생들로 인해 성적이 향상되었다. 이러한 긍정의 효과를 '피그말리온 효과'라고 한다.

피그말리온은 그리스 신화에 나오는 조각가이다. 그는 세상의 여인들에게 만족하지 못하여 결혼하지 않기로 결심하고 살아간다. 그러다가 여인상을 조각하고, 여인 조각상과 사랑에 빠진다. 옷을 입혀주고 반지와 목걸이를 걸어주며 밤에는 다정한 말과 함께 팔베개도 해 준다. 피그말리온은 아프로디테 여신에게 여인의 조각상이 생명을 갖도록 해 달라고 기도한다. 피그말리온의 기도대로 아프로디테 여신은 조각상에게 생명을 불어 넣어 살아있는 여인으로 만들어준다. 사람이 된 여인 조각상과 피그말리온은 결혼을 하고 행복하게 살았다는 이야기이다.

위의 학생들의 경우, 담임교사의 기대와 격려에 부응하기 위해 열심히 공부하여 성적이 향상되는 반응을 보여주었다. 사실 그 20%의 학생들은 정말로 성적이 오를 가능성이 있는 학생들이 전혀 아니었다.

생활관에서 스포츠부 학생들과 생활을 하다 보면 그들의 고민을 알 수 있다. 스포츠부 학생은 훈련이나 경기로 인해 공부하는 양이 일반 학생보다 부족하다. 따라서 영어를 못해서 고민을 하는 학생이 꽤 많다. 영어가 안 되면 학과 공부를 따라가지 못하기 때문이다. 나는 그들에게 용기를 주기 위해 일부러 층별예배 때 영어성경을 모두 가지고 오라고 한다. 그리고 몇 명을 지명하여 큰 소리로 읽어보게 한다. 외국에서 생활을 하다 온 학생은 잘 읽지만 그렇지 못한 다수의 학생들은 발음도 엉망이고 더듬거린다. 그래도 영어는 자신감이니 큰 소리로 읽게 했다. 그러다 보니 학생들이 영어에 대한 두려움이 조금씩 사라지고 학과 공부에 조금씩 집중하는 것을 보았다. 소리 내어 읽는 학생에게 앞으로 계속 그렇게 읽다 보면 발음이 많이 좋아질 것이라고 격려해 주었다.

영어는 본인도 잘 못한다. 주로 눈으로 보고 해석하는 영어 위주로 공부를 하였던 터라, 말하기와 듣기, 읽기는 서툴다. GVCS에 오면서부터 영어에 다시 관심을 가지게 되었고 공부할 필요성을 느꼈다. 그래서 영어성경을 가지고 다니며 소리 내어 읽어보았더니 발음이 많이 좋아졌고, 자신감도 조금씩 생기는 것을 알 수 있었다.

"칭찬은 고래도 춤추게 한다."는 말이 있듯이 칭찬을 하고 격려를 해 주면 긍정적인 에너지가 가득 찬다. 긍정적 신호를 보내면 상대방은 나에게 반응을 보인다.

외국어를 잘 해야 하는 이유

GVCS에서는 영어 교재로 수업을 하며, 외국인 교사의 비중도 상당히 높다. 또, 학생들의 진로가 대부분 해외대학이므로 영어는 피할 수 없다. 따라서 GVCS에서 영어는 가장 기본이 되는 과목이다. 영어를 잘 하면 어떤 점이 좋을까?

첫째, 정보 습득에 많은 차이가 있다. 나에게 필요한 정보를 얻기 위해 네이버에서 정보를 찾는 것과 구글에서 정보를 찾는 것에는 많은 차이가 있다. 같은 검색어에도 구글에서 얻는 양질의 정보가 훨씬 많다. 그런데 구글은 대부분 찾고자 하는 정보가 영어로 기록되어 있어서 영어 해석 능력이 요구된다.

둘째, 사람이 다르게 보인다. 어떤 사람이 일본에서 유학을 할 때 기숙사에서 일하는 한 남자를 자주 마주치게 되었다고 한다. 머리는 파마머리에 허름한 점퍼를 늘 입고 다녀서 그를 '껄렁이'라고 별명을 붙였다고 한다. 그런데 어느 날 외국 사람과 유창하게 외국어를 하는 모습을 보고 놀랐다고 한다. 그 이후로 그 사람의 별명은 '자유로운 영혼'으로 바꾸어 주었다고 한다. 외국어 하나 잘하면 이렇게 사람이 180도 다르게 보인다. 학생들도 마찬가지이다. 외모에 신경을 안 써도, 지나친 소심한 성격이어도, 다른 과목의 점수가 좀 낮아도 외국인 교사와 영어를 유창하게 대화를 자연스럽게 한다면 그 학생을 능력 있는 학생으로 볼 것이다. 외국어의 힘이 한 개인에게 이렇게 많은 영향력을 끼친다. 실제 내가 아는 학생 중 굉장히 조용한 학생이 있었는데, 동아리 회장을 하고 있었다. 이 학생은 영어로 동아리 모임을 인도했고, 타 학교와 대회에 나가서도 영어로 소통하여 좋은 성적을 거두기도 하는 학생이었다. 많은 학생들이 유창한 그 학생의 영어 실력을 부러워하였다. 그 동아리는 회장 하나 잘 두어서 매우 활성화된 것을 볼 수 있었다.

셋째, 자존감이 높아진다. 외국어를 공부한다는 것은 끝없는 도전의 연속이다. 오랫동안 반복과 반복을 통해 이룰 수 있는 결과물이기에, 이것을 이루었을 때 성취감은 말로 헤아릴 수 없다. 따라서 자존감이 당연히 올라가게 된다.

넷째, 삶의 질이 올라간다. 인터넷이 대중화되어 있는 시대에 영어는 공용어로 자리매김하였다. 특히 유튜브 개인 방송이 많은 사람의 관심을 받는 시대에, 영어를 조금만 잘 하여도 세계인과 소통할 수 있는 시대에 살게 되었다. 또, 해외여행이 빈번한 요즈음, 영어를 잘 하면 훨씬 여행을 즐길 수 있다.

다섯째, 취업에 유리하다. 우리나라 경제가 발전하면서 해외에 생산 공장을 두는 경우가 많아졌다. 외국어를 잘 하면 경쟁력이 올라가는 것은 두말할 필요가 없다. 사실 외국어를 잘하면서 전문성까지 갖춘 인재가 매우 드물다.

여섯째, 각종 행사의 도우미나 교사로 봉사할 수 있다. 올림픽이나 아시안게임 등과 같은 국제 행사가 열리게 되면 외국어를 잘 하는 자원봉사자가 많이 필요하게 된다. GVCS 학생은 영어뿐만 아니라 독일어, 스페인어,

중국어, 일본어 등과 같은 외국어를 습득한다. 따라서 자원봉사자로 참여할 수 있는 문이 열려 있다. 또, 지역주민을 위한 토요영어교실의 교사로서 참여를 하여 지역 주민이나 어린이에게 영어를 가르칠 수 있는 기회가 주어진다. 학생 교사 봉사에 의외로 많은 학생들이 신청을 하여 지역 주민들에게 큰 호응을 받고 있다.

이와 같은 이유로 학생들이 영어 공부에 더 집중할 수 있도록 요구하고 있다.

시간의 중요성

글로벌선진학교에 입학을 하려면 1차로 관찰전형(1박 2일), 2차 Pre-Camp 과정(3주 과정)을 거쳐 최종 선발한다. 2020년 1학기 선발 관찰전형에서는 많은 학생이 불합격이 되었다. 3~6년 동안 가족을 떠나 생활관에서 생활을 해야 하기 때문에 학생, 부모, 학교가 모두 간절하게 원해야 입학을 할 수 있다. 성격적으로 문제가 있거나 마음이 닫혀 있는 학생, 공동체 생활 적응이 어려운 학생은 타 학생에게 많은 상처를 줄 뿐만 아니라 학교생활에 많은 문제를 일으키기도 한다. 따라서 공동체 생활하는 데 가능성이 없어 보이는 학생은 입학허가서를 내주지 않는다.

특히, 3주간의 프리캠프 기간 동안은 학생들의 평소 생활 태도가 그대로 드러나기 때문에 학교에서는 이 학생이 과연 잘 적응할 수 있는지의 여부를 판단한다. 글로벌선진학교에서는 지성, 인성, 영성을 중요시하며, 기본적으로 이 세 가지의 자질을 기본적으로 보이거나 개선의 여지가 있는 학생들을 입학시킨다. 왜냐하면 한두 명의 인성이 좋지 않은 학생(특히 폭력성, 욕설, 흡연 등)의 입학으로 인해 다수의 다른 학생이 피해를 입기 때문이다. Pre-Camp 진행을 하다 보면 이런 학생이 있다.

"A 학생과 이 학교를 다닌다면 나는 이 학교에 입학하기가 싫다."

이렇게 알게 된 정보를 가지고 A 학생을 자세히 조사해 보면 친구 상습적 괴롭힘, 비열한 방법으로 동료 따돌림, 폭력성, 거친 언행 등 도저히 개선의 여지가 보이지 않는 학생이 있다. 교사가 보지 못하는 부분을 동료가 보고 교사에게 이야기를 하는 것이다.

간혹 부모들의 욕심 때문에 학생의 의견을 무시하고 이곳에 보내지는 학생들(특히 핸드폰 및 게임 중독)이 있다. 이 학생들 중 적응을 잘 하는 학생도 있지만 적응하지 못하는 학생은 입학허가서가 나가지 않는다. 또한, 부모가 자식인 학생이 감당이 안 되어 이곳에 보내지는 경우도 있다. 글로벌선진학교에서 변화되기를 바라는 마음으로 보내지는 경우이다. 이 경우 학생이 개선의 의지가 있으면 입학이 가능하지만, 개선의 의지가 약하면 대체적으로 입학허가서가 나가지 않는다.

프리캠프 기간 동안 나는 멘토에 대한 강의를 하면서 시간의 중요성을 강조한다. 우리는 부모님, 선생님, TV, 책을 통해 '시간은 금이다.'라고 같은 말을 반복적으로 듣고 있다. 그래서 그냥 한쪽으로 듣고 한쪽으로 흘려보내버리는 경우가 많다.

미국 건국의 아버지 벤저민 프랭클린은 "똑같이 출발하였는데, 세월이 지난 뒤에 어떤 이는 성공하고, 어떤 이는 낙오되어 있다. 시간이 지날수록 두 사람의 거리는 좀처럼 가까워질 수 없게 된다. 이것은 하루하루 주어진 시간을 얼마나 잘 활용했느냐에 따라 달려있다."라고 하였다.

내가 자란 시골에서도 함께 자란 친구들이 있다. 청소년기에 열심히 미래를 준비한 친구들은 대부분 무난한 삶을 살고 있지만, 그렇지 못한 친구도 있다. 안타까운 한 친구는 자기 개발을 등한시 하더니 결국 도박에 손을 대 도박 빚으로 극단적인 선택을 한 친구도 있고, 아직도 일정한 직업 없이 살아가는 친구도 있다.

(1) 사형수의 5분

다음은 사형 직전의 공포에서 벗어난 바로 그 날, 어떤 사람이 그의 형에게 쓴 편지의 일부분이다.

"형, 나는 기운을 잃지도, 정신을 잃지도 않았지. 어느 곳에서의 삶이든 그것 역시 삶이고, 삶은 우리들 자신 속에 있는 것이지 결코 외부에 있는 것이 아니라는 것을 깨달았어. 어떤 재난이 몰아닥친다 해도 의기소침하지 않고 흔들리지 않는 것, 그것이 인생이고 바로 거기에 인생의 과제가 있는 것 아닐까? 나는 이 점을 깨닫게 되었어. 이런 사고가 나의 살과 피가 되었지. 형, 그럼 안녕! 나 때문에 슬퍼하지 마. 지금까지 이처럼 건강하고 풍족한 영적인 생명이 내 안에서 요동친 적은 없었어.

오 하나님, 얼마나 많은 생각들이 떠올랐는지! 지금 이 순간, 나는 과거에 만났던 모든 사람들을 기꺼이 사랑하고 포용할 수 있을 것 같아. 오늘 죽음과 대면하고 소중한 사람들에게 작별을 고할 때가 되어서야 그런 사실을 깨달았어. 과거를 되짚어볼 때 아무런 가치도 없는 일에 얼마나 많은 시간을 허비했었는지. 삶은 행복이야. 매순간이 행복의 시간이 될 수 있어."

이 사람은 바로 톨스토이와 함께 러시아의 양대 문학가인 도스토예프스키이다.

1845년 도스토예프스키가 24세에 발표한 첫 소설 '가난한 사람들'은 소비에트연방을 뒤흔들었다. 사교계의 총아가 된 그는 이리저리 휩쓸리다가

페트라세프스키라는 사회주의자가 주동이 된 급진주의 혁명 조직에 가담했다. 3년이 지난 1848년 유럽에서 혁명이 발발했다. 도스토예프스키가 가입한 급진세력은 농민반란을 기획하는 등 이 혁명의 파도에 올라타려 했다. 그러나 니콜라스 1세의 추적 끝에 1849년 주동자들이 모두 체포되었다.

페트라세프스키 조직원 24명은 8개월 동안 군사기지 감옥에 갇혀 있다가 1849년 2월 22일, 세묘노프스키 연병장에서 사형대로 향했다. 이때 감옥 속에서 죽음을 기다리며 그는 신약성경을 읽고 하나님께 위로를 받고 있었다.

연병장에서는 이미 말뚝이 박혀 있었고 총을 가진 병사들이 일렬횡대로 정렬해 있었다. 죄수들이 두 줄로 자리 잡자, 집행관이 사형 선고문을 읽었다. 모두의 얼굴에 두건이 씌워졌다. 그리고 총을 겨누었다. 이때 마차 한 대가 갑자기 들어서더니 병사가 내려 집행관에게 내밀었다. 그걸 본 집행관이 갑자기 손수건을 흔들었다. 사격 중지를 알리는 신호였다. 이들은 죽음의 낭떠러지에서 벗어나게 된 것이었다.

이 체험은 20년이 지난 뒤 소설 '백치'를 통해 그려지고 있다. 소설의 주인공 므이쉬킨 공작은 그가 방문했던 한 귀족의 집에서 리옹에서 목격한 단두대 사형 장면과 함께 사형 언도를 받았던 사람의 마지막 몇 분간에 대해 직접 언급하고 있다.

죽음 직전의 엄청난 경험은 도스토예프스키의 삶과 사상을 바꾸는 계기가 되었다. 죽음에 대한 경험을 통해 삶을 다시 적극적으로 포용하게 되었다. 그는 당장 사회주의 사상을 떨쳐 버리고 인간에 대해 고민하기 시작하였다. 이러한 그의 삶의 자세로 인해 수많은 명작들이 집필되는 동기가 되었다. 대표작으로 '죄와 벌', '카라마조프의 형제들' 등이 있다.

도스토예프스키는 5분 후의 극한 공포를 통해 삶의 소중함을 깨닫게 되었고, 진지한 삶을 살게 되었다. 그로 인해 주옥같은 명작들이 세상에 나오게 되었다. 나는 사형수로서 도스토예프스키의 5분과 학생 여러분의 시간은 동일하다고 강의를 한다. 학생들에게 5분이라는 시간이 보잘 것 없어 보이지만, 어떤 사람에게는 큰 깨달음으로, 인생 전환의 시간으로 될 수 있음을 깨닫게 한다.

시간의 진정한 가치는 모두에게 공평하다는 것이다.

(2) 시간 관리

청소년기에 시간 관리를 잘 해야 미래의 삶이 밝다고 할 수 있다. 청소년기에 시간을 허비하면 허비된 시간을 메우기 위해 2배 이상의 노력이 필요하다. 그러면 청소년기에 시간 관리는 어떻게 하면 좋을까?

첫째, 동기 부여가 되는 목표를 세워라.

목표는 모든 행위를 측정하는 기준이 된다. 따라서 목표가 뚜렷하지 않으면 불분명한 결과를 남기게 된다. 목표 설정은 우리에게 동기를 부여하고 스스로 자제력을 상승시키며, 가장 중요한 것에 집중할 수 있도록 한다. 목표 설정 시 주의할 점은 실현 가능성이 있는 현실적인 목표를 세우는 것이 중요하다. 예를 들어 정치가, 사업가, 연예인, 모델 등은 학생 신분으로서의 목표 설정으로는 모호한 부분이 있다. 나는 글로벌선진학교 학생에게 현실성이 있는 목표를 설정하도록 유도하고 있다. 예를 들어 토플 80점 이상, 영수과 GPA 3.5 이상(학점에 해당), 졸업 전 태권도 3단, 악기 1개 다루기, 졸업하기 전 성경 세 번 통독하기, 전공 방향(예: 기계공학, 생명공학, 우주항공학, 경영학 등) 등 학생이 노력을 하면 얼마든지 이룰 수 있는 가능성 있는 목표 설정을 유도하고 있다.

둘째, 계획을 세워라.

일단 목표 설정이 되었다면 계획을 문서화하는 것이 중요하다. 그러면 잡다한 것들에 대해 신경을 쓰는 시간을 줄여준다. 이렇게 확보된 시간은 아프거나 갑자기 생긴 집안 사정, 수행평가 과제, 각종 학교 행사 등 예기치 못한 시간을 마련해 준다. 그리고 계획을 하루 단위로 나누고, 매일 주기적으로 실행한다. 보통 계획 세울 때 실패하는 이유는 100% 시간을 활용하도록 계획을 짜기 때문이다. 따라서 계획을 짤 때 60% 정도의 시간을 활용할 수 있도록 하는 것이 좋다. 그러면 좀 더 여유를 가지고 생활을 할 수 있고, 40%의 시간을 통해 전날 못한 일 등을 처리할 수 있다.

셋째, 우선순위를 세워라.

오늘 열심히 일했는데, 정작 중요한 일은 마치지 못하는 경우가 있다. 이는 일의 우선순위를 정하지 못하고 일을 하기 때문이다. 따라서 일의 우선순위를 확실하게 구분하는 법이 중요하다. 급한 마음에 서두르다 보면 상대적으로 덜 중요한 일에 몰두하게 된다. 중요도에 따라 우선순위를 정해 시간을 사용하는 것이 중요하다.

가장 중요한 일은 본인만이 할 수 있는 일이다. 학생으로서 가장 중요한 일은 공부이다. 이중 외국어(특히 영어), 수학, 과학과 같은 사고력을 요하는 과목은 단시간 내에 실력이 향상되는 과목이 아니므로 꾸준히 계획을 세워 공부를 해야 한다. 글로벌선진학교에는 19:00~21:20까지 의무자율학습이 주중 매일 있다. 이때 집중적으로 중요 과목들을 공부하는 것이 좋다. 또한 이해가 잘 안 되는 부분은 튜터(Tutor)를 통해 동료와 함께 공부를 하면 효율적으로 할 수 있다.

다음은 약간 중요한 일이 있다. 예를 들어 음악, 미술, 태권도, 수행평가 등의 과목들이 여기에 해당된다. 이 경우 다른 사람에게 위임할 수 있는 것은 위임하는 것이 좋다. 수행평가와 같은 것은 본인이 다 하려고 하기보다는 서로 분담을 하여 효율적으로 진행하여 시간을 관리하는 것이 좋다. 음악, 미술, 태권도 등도 굳이 의무자율학습 시간에 집중적으로 공부할 필요는 없다. 약간 중요한 일은 타인에게 위임할 것은 위임하는 것이 좋다.

그리고 가장 많은 비중을 차지하지만 중요하지 않은 일이 있다. 물론 글로벌선진학교 학생들은 휴대폰을 교내에서 사용할 수 없기 때문에 게임 같은 것은 하지 않는다. 그러나 최근 청소년의 가장 큰 문제 중 하나는 휴대폰에 너무 시간을 많이 쓰고 있다는 것이다. 유튜브 시청, SNS, 게임, 스포츠, 웹툰, 웹서핑 등 종일 휴대폰만 만지작거리고 있다. 사실 글로벌선진학교에 온 학생 중 휴대폰 중독에 의해 이곳으로 보내진 경우도 적지 않다. 즉, 부모님도 더 이상 어찌할 수 없어서 이곳에 보내진 경우이다. 어떤 학생은 공폰을 제출하고 휴대폰을 휴대하고 있다가 적발되는 경우도 있다. 보통 9~10학년(중3~고1)인 학생들이 이 유혹에 쉽게 노출되어 있다.

위의 세 가지를 명심하여 글로벌선진학교에서 매일매일 최선을 다해 생활한다면, 이 다음에 훌륭한 멘토가 될 자격이 충분하다. 2019년 12월 졸업생 중 미국 버클리 음대에 입학을 한 C 학생이 있다. 프리캠프 보조교사로 참석을 했었다. 이 학생은 음악(드럼)으로 해외대학 입학을 하기 위해 정말 피땀 어린 노력을 한 것을 옆에서 지켜보았다. 채플의 찬양팀에서 드럼은 이 학생이 도맡아서 섬겼으며, 생활 태도도 매우 모범적이며 예의가 발랐다. 프리캠프 때 C 학생의 드럼 연주를 들려주었더니 참가한 학생들의 반응이 그야말로 폭발적이었다.

또 J학생은 학생회장까지 지냈는데, 역시 좋은 인재이었다. SAT 점수가 1570점 정도 나왔고, 미국 존스홉킨스대 엔지니어학과에 입학하였다. 프리캠프 때 이러한 생생한 선배들의 실제 이야기를 해줄 때, 학생들의 반응은 놀라움과 부러움으로 나타난다.

글로벌선진학교는 학생들이 시간 관리를 잘 할 수 있도록 돕는 데 최선을 다하고 있다.

노력하는 사람

고사성어 중 대기만성(大器晚成)이라는 말이 있다. 큰 사람이 되기 위해서는 많은 노력과 시간이 필요함을 나타내는 말이다.

중국의 삼국시대 위나라에 최염이라는 이름난 장군이 있었다. 그에게는 최림이라는 사촌동생이 있었는데, 외모도 빈약하고 출세가 늦어 친척들로부터 멸시를 당하였다. 하지만 최염만은 그의 재능을 꿰뚫어 보고 이렇게 말하였다. "큰 종이나 큰 솥은 그렇게 쉽사리 만들어지는 것이 아니다. 그와 마찬가지로 큰 인물도 성공하기까지는 오랜 시간이 걸리는 법이다. 내가 보기에 너도 그처럼 대기만성형이다. 좌절하지 말고 열심히 노력해라. 그러면 틀림없이 네가 큰 인물이 될 것이다." 과연 그의 말대로 최림은 후일 천자를 보좌하는 사람이 되었다.

인간관계 분야의 최고 컨설턴트로 알려진 데일 카네기는 수많은 사람에게 큰 영향을 미친 사람이다. 하지만 자신의 발자취를 통해 많은 백만장자들에게까지 엄청난 영향을 미쳤던 카네기도 사실은 숱한 실패를 경험했는데, 그럼에도 불구하고 그가 성공의 길로 나아갈 수 있었던 것은 실패를 통한 교훈을 디딤돌로 피나는 노력을 하였기 때문이었다. 즉, 좌절을 기회로 만들어 실패를 극복해 냈던 것이다. 실패로부터 교훈을 얻지 못하는 사람은 똑같은 실수를 되풀이할 수밖에 없다. 반면에 실패 중에서 무언가를 얻어내는 사람은 또 다른 실패를 겪지 않을 수 있다. 카네기가 '좌절은 기회이다.'라고 단호하게 말하는 것은 바로 그런 이유 때문일 것이다.

(1) 늦둥이 발레리나

1년에 1000켤레가 넘는 토슈즈 소모, 하루 18시간 발레 연습, 기숙사에서 모두 자는 시간에 몰래 연습을 하여 발레리나의 꿈인 프리마 발레리나에 등극한 세계적인 한국인 발레리나가 있다. 발레리나 강수진이다. 한때 이 분의 발 사진은 인터넷상에서 많은 화제를 몰고 다녔다. 도저히 여자의 발이라고는 느껴지지 않는 굳은살투성이의 울퉁불퉁한 기형적인 발처럼 보였기 때문이다. 사람들은 노력과 인내의 흔적을 간직한 세상에서 가장 아름다운 발이라고 말하고 있다.

한 주에 거의 10개의 토슈즈를 바꿔 신을 만큼 유명한 연습 벌레인 강수진의 발은 언제나 상처가 마를 날이 없었다. 그녀는 독일 슈투트가르트 발레단의 유일한 종신단원으로 독일 현지뿐만 아니라 세계적인 사랑을 받고 있는 발레리나이다.

한 강연에서 강수진은 다음과 같이 말하였다.

"많은 사람들이 동양인, 특히 한국인이기 때문에 발레를 할 때 신체적으로 떨어지는 면이 있지 않냐고 질문을 한다. 그러나 그것은 자기가 생각하기 나름이다. 만약 그렇게 생각한다면 콤플렉스가 생기게 되고 벗어나기 힘들게 된다. 유학 온 사람들이 그런 콤플렉스에서 벗어나지 못하는 경우를 많이 보았다. 좀 넘어지고 약해 보여도 무엇인가 특별한 사람이 눈에 띈다. 특히 발레에 있어서는 기술만 가지고는 할 수 없다. 자신이 없으면 표현이 나오질 않는다. 즉, 기술도 자신이 없으면 소용이 없다. 이를 위해서는 자기 자신을 사랑하는 것이 중요하다. 자신의 개성, 성격은 사람마다 다르다. 그렇기에 남과 비교하느라 에너지를 소비하는 것은 시간 낭비이다. 모든 분야에서 가장 중요한 것은 '자신'과의 싸움이다. 가끔씩 3주밖에 연습할 시간이 없고 무대에 올라갈 때도 있지만, 내게 중요한 것은 그것이 아니다. 내게 중요한 것은 무대에 서기 위해 화장할 때부터가 아닌, 연습할 때부터 이미 내가 아니고 그 역이 되는 것이다. 발레는 다른 예술보다 활동할 수 있는 시간이 짧다. 죽을 때까지 하기 힘들다. 그래서 연습은 필수이다. 나는 3시간만 자고 연습에 몰두했다. 새벽 5시에 일어나서 연습했고, 밤 12시가 넘어도 연습실로 늘 향했다. 시간은 사람이 만든 개념 아닌가. 시간을 안 보면 시간 가는지도 모르겠더라. 나는 우리 발레단에서 가장 나이가 많은 사람이지만 가장 오랫동안 깨어 있는 사람이다. 나는 발레를 다른 사람들보다 늦게 시작했다. 말 그대로 늦둥이인 셈이다. 그러나 나는 오히려 내가 늦었기에 감사하다. 요즘은 솔로가 되어도 못하면 다시 군무로 내려가는 경우도 있다. 나는 늦게 발레를 시작했지만 차근차근 밟아 갔기에 다시 내려가는 일이 없었다."

강수진은 발레에 몰두해 있는 자신을 발견할 때 가장 아름답다고 느낀다고 한다. 그녀는 앞으로 발레를 하는 후배들에게도 이 느낌을 전해주는 일을 계속 하고 싶다고 밝혔다. 백조의 움직임이 아름답고 우아하게 보이는 이유는 알고 보면 수면 아래에서 쉴 새 없이 움직이는 발 안에 있는 것처럼, 발레리나 강수진이 아름다울 수 있는 이유는 끊임없이 노력하는 열정에서 꽃 피는 것이라 할 수 있다.

"최선을 다해 오늘을 사는 것, 그게 제 꿈이에요. 그 작은 꿈이 모여 지금의 큰 꿈을 만들었어요."

(2) 평발 축구선수

달리기에 적합하지 않은 평발, 단체 연습 후 자신의 발의 각 부위에 3000번 닿을 때까지 개인 연습, 지독한 연습 벌레의 축구선수가 있다. 박지성 선수이다. 영국 프리미어리그 맨체스터 유나이티드에서 세계적인 선수들과 경기에 조금도 위축됨 없이 우리나라를 빛낸 선수이다.

더 타임즈는 "맨유는 몇 안 되는 진정한 아시아의 슈퍼스타를 영입하였다."라고 하였으며, 당시 알렉스 퍼거슨 감독은 "나는 오웬보다 박지성을 원했다."고 하였다.

그의 경기를 보면 지칠 줄 모르는 체력으로 상대 공격수를 압박하고 태클로 저지하며, 동료 선수에게 헌신적으로 도움을 주는 역할을 자주 볼 수 있다. 골을 넣는 화려함보다 조력자의 역할로 종횡무진 상대 선수를 괴롭히고 자신의 팀 선수에게 도움을 주는 헌신적인 플레이 때문에 맨유의 모든 선수들은 박지성 선수를 신뢰하고 좋아한다.

박지성 선수는 "언젠가는 그들도 한번쯤은 쉴 것이고, 그때 내가 쉬지 않고 나아간다면 차이는 조금이라도 줄어들 것이다."라고 하였다. 즉, 동양인으로서 자신의 체력적인 한계를 피나는 노력을 통해 극복하였던 것이다.

박지성 선수는 혹독한 훈련, 자신과 적당하게 타협하지 않음, 자신과의 싸움에서 승리하여 세계적인 선수가 되었던 것이다.

히딩크 감독은 "더 이상의 표현은 없다. 박지성은 내가 발굴한 최고의 선수이다."라고 하였다.

호날두 선수는 "그는 마치 전기와 같이 지칠 줄 모르는 체력으로 끊임없이 달리며 경기장을 누빈다."라고 하였다.

차범근 선수 이후로 유럽에서 가장 성공한 아시아 축구 선수인 박지성은 왜소한 체격으로 실력에 맞는 합당한 대우를 받지 못한 경우도 있었지만, 철저한 기본기, 체력 키우기를 위한 눈물겨운 노력으로 세계적인 선수가 된 것이다.

(3) 작은 카페에서 나온 책

조앤 롤링은 1965년 영국 웨일스의 작은 마을에서 태어났다. 책을 사랑하는 부모와 책이 가득한 집에서 조앤 롤링은 무한한 상상력을 키우며 자랐다. 동생에게 자신의 상상을 들려주는가 하면 토끼에 반해 6살의 나이로 첫 소설을 쓰기도 했다.

액세터대학 불문학과 졸업 후 통역 비서가 되었지만 몽상과 끄적거리는 버릇, 몰래 회사 컴퓨터로 소설 쓰는 것 때문에 일을 제대로 하지 못해 해고되고 말았다. 그러나 불치병 속에서도 활기찼던 그녀의 어머니를 그대로 닮은 조앤 롤링은 좌절하지 않았다. 다행히 곧 맨체스터 상공회의소에 취업했지만 거리가 멀어 기차로 통근해야 했다. 그러던 어느 날 집으로 돌아오던 중 기차가 멈춰버린 역에서 불현듯 조앤 롤링의 머릿속에 재미있는 아이디어가 떠올랐다.

그 후 그녀는 시간이 나면 이 재미있는 아이디어를 가지고 여러 가지 모험을 곁들여 이야기로 썼다. 이때 갑자기 어머니가 세상을 떠나고 남자친구와도 헤어졌으며, 상공회의소에서도 해고되는 불행이 연이었다. 조앤 롤링은 충격을 뒤로하고 평소 먼 나라에서 글을 가르치고 싶다는 소망을 담아 포르투갈 북부의 작은 도시학교의 영어교사로 갔다. 그 곳에서 TV방송국 기자와 결혼을 하고 딸을 낳았으나 남편의 폭력과 잦은 다툼에 곧 이혼을 하고 말았다. 여동생의 '가까운 곳에서 같이 살자.'는 편지에 조앤 롤링은 영국 에든버러로 가는 기차에 몸을 실었다.

그때 조앤 롤링의 품엔 딸 제시키와 옷가방 하나, 제 3장까지 완성한 재미있는 아이디어 이야기 원고가 전부였다. 초라한 단칸방을 얻고 돈이 없어 물을 먹이는 아기를 위해 열심히 일해야 했지만 그녀는 가슴 속에 불꽃처럼 타오르는 재미있는 아이디어 이야기를 완성하고 싶었다. 고민하던 그녀는 여동생에게 아이디어 이야기를 하게 되고 동생의 칭찬과 격려에 이 재미있는 아이디어를 1년 안에 완성해 출판하기로 결심했다. 이 1년을 기회로서 매진하기 위해 생계는 정부 보조금으로 잇기로 했다. 또한, 대학원에서 프랑스어를 전공해 프랑스어교사가 될 준비도 병행해 나갔다.

단칸방에서는 글을 쓸 수 없었기에 아기를 유모차에 태워 돌아다니다 잠들면 카페에서 차 한 잔을 시키고 글을 썼다. 드디어 재미있는 아이디어 이야기가 완성되고 출판하기 위해 약 8만 단어의 원고를 두 번이나 타이핑하여 보냈다. 이윽고 1996년 블룸스베리라는 출판사에서 전화가 왔다. 독점 계약을 하고 싶다는 것이었다. 출판사에서 제시한 인세는 겨우 2천 파운드(약 360만 원)에 불과했지만, 그녀는 이 재미있는 아이디어 이야기를 출판하는 것에 더욱 초점을 두고 계약을 하게 되었다. 이 재미있는 아이디어 이야기는 '해리포터와 마법사의 돌'이라는 이름으로 세상에 나오게 되었다.

2000년 이후 세계에서 가장 많이 팔린 책인 '해리포터 시리즈'의 초판은 500부라는 초라한 출발로 시작하였다. 그러나 재미있는 아이디어 이야기는 곧 대박을 터트리고 말았다. 이 작품으로 그녀는 수백억 원을 벌어들였으며, 공식 재산 집계만 1조 원에 이르는 일명 갑부 대열에 오르게 되었다. 이혼과 실직, 출판사의 거절에 좌절하지 않고 소신껏 자신의 꿈을 이루기 위한 노력으로 그녀의 인생을 반전시킨 것이다.

(4) 많은 실패 속에서 나온 발명품

1833년 가을, 알프레드는 스웨덴 스톡홀름 교외에서 태어났다. 그의 아버지는 발명가이었으나 공장 경영에 실패하자 러시아로 떠났다. 알프레드는 몸이 약했지만 학교 성적은 뛰어났다. 그는 늘 책에서 손을 떼지 않았고, 시간만 나면 아버지의 실험실에서 무엇인가를 관찰하며 지냈다.

1842년이 되어 그의 아버지로부터 페테르스부르크에 집과 공장을 마련했으니 이사를 오라는 연락이 왔다. 아버지는 군사무기를 생산하는 공장을 운영하여 큰돈을 벌 수 있었다. 이 무렵 알프레드는 외국여행의 기회를 갖게 되었다. 프랑스에서는 실험실을 전전하며 과학기술을 익혔으며, 영국에서는 만국박람회를 관람할 수 있었고, 미국에서는 뉴욕의 실험실을 견학할 수 있었다. 2년 만에 의젓한 청년이 되어 돌아온 알프레드는 아버지의 공장에 나가 실험실 일을 돕기 시작했다.

그러나 무리하게 공장을 확장해 알프레드 가족은 하루아침에 망해 버리고 말았다. 알프레드 가족은 다시 스웨덴으로 돌아왔다. 그들은 새로운 일을 시작했는데, 그 몇 년 후 알프레드의 아버지는 화약을 발명했다. 그들은 마을 앞 공터에서 화약의 폭발력을 실험했다. 그러다가 알프레드는

'채석장에서 폭발력 실험을 해보면 어떨까?' 라는 생각을 했다. 그 생각은 적중했다.

채석장에서 벌인 화약실험은 대단한 성공을 거두었다. 채석장 주인은 화약의 성능에 감탄하면서 화약생산을 주문했다. 알프레드는 정말 화약이 필요한 곳은 채석장과 건설 공사장임을 깨달았다. 그는 곧 평화적인 목적에 쓰일 화약연구를 시작했다.

1863년 10월 알프레드는 니트로글리세린과 검은 화약을 더한 새로운 화약으로 특허를 받았다. 이 화약은 채석장은 물론 광산과 건설 공사장에서 크게 인기를 끌어 알프레드 가족의 사업을 번창시켜 주었다.

1864년 공장에서 폭발사고가 발생하여 동생을 비롯해 많은 사람이 죽었다. 하지만 이 엄청난 불행은 화약의 강력한 폭발력을 알려준 결과가 되었다. 곳곳에서 주문이 밀려들어오고, 밀리는 주문 때문에 직접 현지에 공장을 세우기에 이르렀다. 그러나 생산력이 늘어남에 따라 폭발사고도 더 빈번히 발생했다.

'14명 사망', '배 폭파 침몰' 등 잦은 폭발사고에 화약의 생산을 중단하라는 여론이 거세게 일었다. 결국 1866년 알프레드는 화약생산을 중단하고 말았다.

"이 화약은 액체여서 조금만 충격이 가해지면 폭발해 버린다. 좀 더 안전한 화약을 만들 수 없을까?"

당시의 화약은 작은 충격에도 쉽게 폭발하는 액체였다. 다루기 쉬운 고체로 화약을 만들면 이 어려움은 해결될 것 같은데 액체를 고체로 바꾸는 일이 쉽지 않았다. 알프레드는 이 문제를 위해 밤낮없이 실험에 매달렸다.

그 무렵 알프레드는 사고예방을 위해 독일 공장을 찾아가 화약창고를 점검하고 있었다. 공장에서 일어난 사고는 대부분 창고에서 발생했기 때문이다. 창고를 점검하던 그는 다급한 목소리로 "위험하다, 빨리 피해!"라고 외쳤다.

그러나 다음 순간 알프레드는 놀라운 현상을 목격했다. 새어나온 액체화약이 충격방지제인 규조토에 스며들어 단단해지고 있었다. 규조토야말로 바로 그가 찾고 있던 흡수력 좋은 고체가루였다.

알프레드는 규조토를 이용, 액체화약의 고체화 실험에 착수했다. 그의 확신은 적중했다. 규조토는 자신의 무게의 2배에 가까운 액체화약을 받아들였다. 드디어 성공하였다. 알프레드의 새로운 고체화약은 굴리거나 망치로 두들겨도 안전했다. 오직 한 가지 방법, 뇌관을 이용했을 때만 폭발했다. 이것을 그는 '다이너마이트'라고 불렀다. 이때가 1867년 가을이었다.

다이너마이트는 그 안정성 덕분에 수요가 급증, 그 뒤를 대기 위해 세계 15개국에 공장을 세우지 않을 수 없었다. 이 때문에 말할 수 없이 바빴으나, 그는 틈만 나면 발명에 몰두하여 그 후로도 129건에 이르는 특허를 받았다.

1891년 알프레드의 나이 59세, 그는 인류평화에 관심을 가지게 되었다.

그에게 커다란 재물을 가져다준 다이너마이트가 공업용으로 쓰여 인류에게 많은 이익을 주기도 했지만, 어느 때부터인가 그 무서운 폭발력이 전쟁 등에 부정적으로 사용되어 온 것을 몹시 괴로워했다.

1896년 12월 10일, 그가 세상을 떠난 뒤 개봉된 유언장은 유산 처리 방법으로 해마다 다섯 분야에 걸쳐 인류에게 가장 큰 공헌을 한 사람에게 상금을 주도록 되어 있었다.

이 상이 알프레드 노벨의 이름을 딴 세계에서 가장 권위 있는 '노벨상'이다.

(5) 가난하고 병든 노인의 변신

미국에 한 사업가가 있었는데 그는 23년 동안이나 해오던 식낭사업에서 완전히 실패하고 말았다. 그 바람에 몸도 병들었다.

나이가 63세의 나이에 병든 몸, 초등학교 졸업의 학력이 전부인 그는 다시 일어나기 어려운 상태에 빠졌다. 그는 아무 희망도 없이 병실 한 구석에서 시름시름 앓고 있었다. 그러던 어느 날 새벽에 어디서 찬송 소리가 들려오는 소리를 들었다. 그는 잠에서 깨어나 문을 열고 밖을 쳐다보았다. 누가 저렇게 기쁜 찬송을 부르는가 싶어서 밖을 쳐다보는 순간 그는 깜짝 놀라지 않을 수 없었다. 그 기쁜 찬송 소리의 주인공은 바로 한쪽 다리가 없는 청소부였던 것이다. 청소부는 계속해서 기쁨과 감사의 찬송을 불렀다.

"주 너를 지키리. 아무 때나 어디서나 주 너를 지키리. 늘 지켜 주시리."

이 찬송 소리를 듣는 그의 마음은 뭉클해졌다. 그래서 가만히 그 청소부를 불렀다.

"아니, 당신은 목발을 하고 있으면서도 어쩜 그렇게도 행복하게 찬송을 부를 수 있는 거죠?"

"아저씨, 이 세상은 내 집이 아니에요. 내 집은 저 하늘나라에 있어요. 그래서 지금 내 환경이 어려워도 나는 항상 즐겁게 살 수 있어요."

"정말 하늘나라에 집이 있으면 그렇게 행복할 수 있나요? 나도 어떻게 하면 그렇게 될 수 있나요?"

"하나님을 만나면 되지요."

그 청소부는 그에게 복음을 전하였고, 나중에 그는 퇴원을 해서 교회에 나가기 시작했다. 그러다가 하루는 하나님께 진지하게 기도를 드렸다.

"하나님, 저는 나이도 많은데 이 나이에 무엇을 할 수 있겠습니까?"

그러자 기도 중에 닭들이 날아가는 그런 그림이 떠올랐다. 그는 닭들이 날아가는 그 그림을 지워버릴 수 없었다. 그는 손수 닭을 요리해서 사람들에게 나누어주었다. 그랬더니 사람들의 반응이 좋았다. 그래서 그는 힘을 얻어 미국 켄터키주에 있는 자기 집에서 닭튀김 요리를 계속하였다. 닭튀김은 맛이 좋아 점점 인기를 얻었다.

물론 처음부터 잘 되었던 것은 아니었다. 그는 자신의 닭튀김 요리를 알리느라고 백방으로 노력하였다. 차를 타고 이리저리 돌아다니면서 자신이 요리한 치킨을 선전하였다. 그러자 어느 날인가부터 그의 치킨이 날개 돋친 듯이 팔려 나갔다. 마침내 그의 체인점이 미국 전역으로 퍼져 나갔고 나중에는 캐나다와 전 세계로 퍼져 나갔다. 치킨 사업에 성공하자 그는 수많은 교회를 세울 수 있도록 많은 돈으로 후원했다고 한다.

이가 바로 켄터키 프라이드 치킨(KFC)의 창업자인 커널 할랜드 샌더스 (1890~1980)이다. 그는 남들이 다 남은 인생을 포기하는 63세에 다시 일어 섰다.

열정을 가진 사람

스티브 잡스는 과학기술자인 동시에 인문학을 융합시킨 애플의 창업자 이다. 스티브 잡스가 스탠퍼드대학 졸업 연설문에서 서체 관련의 매킨토시 적용과 여러 가지 애플 창업까지의 난관을 이야기하면서 마지막에 이런 말을 졸업생들에게 남겼다.

"제가 어릴 때 제 나이 또래라면 다 알만한 대단한 출판물인 '지구 백과' 란 책이 있었습니다. 이 책은 여기서 그리 멀지않은 먼로파크에 사는 스튜 어트 브랜드란 사람이 쓴 책인데, 그 책은 아주 깔끔한 도구와 위대한 착 상으로 채워진 대단한 역작이었습니다. 스튜어트와 그의 팀 친구들은 지 구백과를 몇 번의 개정판을 내놓았고 예정된 판을 다 출판한 후에 최종판 을 내놓았습니다. 최종판의 뒤쪽 표지에는 이른 아침 시골길 사진이 있었 는데, 아마 당신들이 모험을 좋아하는 사람이었다면 히치하이킹을 하고 싶다는 생각이 들었을 것입니다. 그 사진 밑에는 '항상 열망하라, 항상 우 직하라.'라고 쓰여 있습니다. 그것이 그들의 마지막 인사였습니다."

새로운 시작을 위하여 스탠퍼드대학 졸업을 하는 학생들이 열망을 가지고 우직하게 나아가길 스티브 잡스는 원했던 것이다.

이와 같이 멘토가 되고자 하는 사람은 어떤 일을 할 때 열정을 가지고 임해야 한다. GVCS 설립자이신 남진석 목사님도 열정이 넘치는 분이셨다. 열정은 그 일이 도전할 가치가 있다고 판단될 때 나오며, 좋은 멘토가 되기 위한 사람에게 꼭 필요한 요소이다.

(1) 교과서 에디터

나는 학생들에게 강의 시 처음 소개를 할 때, 우리나라에서 가장 아름다운 캠퍼스를 가진 대학을 다녔다고 소개한다. 그리고 경희대와 고려대 캠퍼스 사진을 보여 준다. 경희대와 고려대는 우리나라에서 가장 아름다운 캠퍼스를 가진 대학들이다.

그리고 지금은 제3의 아름다운 캠퍼스에 근무하고 있다고 한다. 음성 글로벌선진학교는 학교 건물들도 아담하고 아름답지만 주변 원남호수 주변이 너무 아름답다. 그러면 학생들이 이해를 하겠다는 듯이 고개를 끄덕인다. 음성 원남면 원남호수 주변은 산과 호수가 조화를 이루어 정말 수려한 경관을 가지고 있다. 이 호수를 한 바퀴 도는데, 약 5㎞ 정도 된다. 나는 이곳을 산책하는 것을 매우 좋아한다. 원남호수의 아름다움을 시로 표현하기도 하였다.(164쪽 참조)

나는 과학(생명과학)을 전공하였다. 1993년 2월 경희대학교 문리과대학 졸업을 하고, 처음 입사한 곳은 중앙교육진흥연구소였다. 당시 이 회사는 전국 모의고사를 주관하는 회사로 유명했었고, 이곳에서 과학 파트의 일을 담당하였다. 전공과 관련된 업무라 일을 하는 것이 재미있었고, 업무를 하다 보니 많은 내외국 서적을 참조하여야만 했다. 그러다보니 자연스럽게 전공에 대한 지식도 깊이 있게 알게 되었고, 중·고등학교의 범위와 수준을 깨닫게 되었다. 후에 배움에 대한 갈증이 더 생겨 고려대 대학원(이학석사 과정)에 진학을 하였다. 일과 학업을 동시에 진행하는 것이 너무 힘들어 10여 년 가까이 다니던 회사를 그만두고 인문계 고등학교 과학교사로 잠시 근무하기도 하였다.

대학원을 졸업한 다음 천재교육, 대한교과서(현 미래엔), 교학사, 신사고에 근무하면서, 근면 성실함과 실적들을 인정받아 나름 대우를 받고 탄탄한 위치에 자리를 잡고 있었다.

특히 교학사에 근무할 당시에는 과학부가 내는 매출이 매해 100억 원에 육박할 정도이었다. 당시 교학사는 대부분의 교육출판사가 그렇듯이 EBS의 수능 시장 독점과 학생 인원 감소로 어려움을 겪고 있었는데, 과학부의 매출은 회사의 큰 힘이 되었다. 그 당시에 내가 제작한 교과서가 중학교 과학(1, 2, 3학년), 고등과학, 생명과학1, 생명과학2이었는데, 모두 좋은 반응을 얻어 회사의 대표 상품의 역할을 하였다. 그리고 다른 과학 교과서도 반응이 나쁘지 않았다.

교과서 사업의 경우 주문한 학생의 수만큼 인쇄에 들어가기 때문에 재고에 대한 걱정이 없어서 학생들의 반응만 좋으면 매출이 기하급수적으로 올라가는 경향이 있다. 대부분 참고서 교재의 경우 재고가 30~60% 정도 많이 생겨 처리에 어려움을 겪는데 비해 교과서의 경우 그러한 걱정이 없는 것이다. 그러나 제작 과정이 복잡하고 초기 비용이 많이 들며, 이를 이끌어갈 전문 에디터가 필요하기 때문에 교과서 사업의 진입 장벽이 매우 높다. 최고의 전문가들로 이루어진 수많은 저자들을 섭외하는 문제부터 이들에게 질 좋은 원고를 쓰게 하기까지 과정이 너무 복잡하고 힘들다. 이를 모두 에디터가 진행을 해야 하므로 그 분야에 고도의 전문성을 갖추고 있어야 한다. 또, 정해진 시간 내에 조판부터 수많은 교정과 반복 검토 회의, 이에 따른 삽화 발주 등의 과정은 그야말로 전쟁을 치르는 것과 다름이 없다. 때로는 주말 출근에, 새벽까지 작업을 해야 하는 경우도 있다. 집에서 휴식을 취해도 원고를 가지고 가서 일을 하기도 했다. 당시, 고등 과학, 생명과학1, 생명과학2 교과서를 동시에 개발을 해야 했기에, 개발 책임자로 초인적인 힘을 발휘해야만 했다. 그리고 교과서에 따른 지도서, 부속 자료 개발 등 촉박한 일정에 따라 정신없이 개발에 온 힘을 쏟아야만 했다. 결국 이러한 열정 속에 무사히 교과서 개발을 마쳤고, 좋은 결과가 나와 기쁨은 배가 되었다. 지금도 당시 개발을 하였던 교과서를 보고 있노라면, 이 교과서를 통해 열심히 공부할 청소년들의 밝은 미래를 기대하게 한다. 열정은 자기가 좋아하는 일을 할 때, 그리고 그 일이 가치 있다고 판단될 때 초인적인 힘이 나온다. 나는 가장 열정이 넘칠 때 에디터의 직업 선택에 대해 결코 후회하지 않는다. 20여 년의 회사 생활을 하며, 나의 직업을 하나의 시로 표현을 해 보았다.

에디터(Editor)

때로는

주연을 돋보이게 하는 조연으로,

오케스트라를 지휘하는 지휘자로,

방송국의 피디(PD)로

백지(白紙) 위에 어지럽게 놓여 있는

혼돈의 세계

붉은색의 마술이 시작된다

에디터의 머릿속에

작은 세계가 그려지고

여백(餘白)은 하늘하늘 춤을 춘다

인고(忍苦)의 세월 속에

잉태되어 나온 새 생명은

에디터의 피와 눈물이다

(2) 대통령이 된 과학자

유태인은 원래 팔레스타인 지역의 주민이었다. 예수가 탄생해서 성장할 무렵, 당시 유럽을 지배하던 로마 군사에 의해 조국에서 쫓겨났다. 그때부터 유태인들은 2천여 년 동안이나 유랑 생활을 해야만 했다.

영국 맨체스터 대학에서 화학을 가르치던 바이츠만(1874~1952)이라는 교수가 있었다.

1910년 바이츠만은 인조 고무의 제조를 위한 실험을 하던 중 우연히 설탕을 순수한 아세톤으로 변질시키는 박테리아를 발견했다. 즉, 그는 고무 합성을 연구하는 과정에서 박테리아를 이용하여 설탕에서 이소아밀알코올을 주산물로 뽑아내는 실험을 하고 있었다. 이 방법으로 그는 이소아밀알코올과 똑같은 냄새가 나는 액체를 얻었으며, 이 액체를 분석해 보니 그것은 아세톤과 부틸알코올의 혼합물이었다.

아세톤은 전쟁 중에는 소총 탄환을 비롯한 여러 가지 탄환에 쓰이는 무연 화약을 만드는 데 대량으로 소비되었다. 1914년까지는 나무를 밀폐된 용기에 넣고 가열하여 생성되는 증기에서 아세톤을 얻었다. 그러나 아세톤을 대량으로 얻기 위해서는 많은 나무가 소요되었으므로, 영국은 아세톤의 제조를 위해서 나무를 대량 수입해야 했다. 그러던 중 제1차 세계대전이 일어나 독일군에 의한 해상 봉쇄로 선박으로 나무를 수송하는 데 제한을 받게 되어 아세톤을 제조할 수 없게 되었다. 따라서 나무 이외의 다른 물질에서 아세톤을 만드는 방법을 찾을 수밖에 없었다.

영국의 육군성은 모든 과학자들에게 군사적 가치가 있는 발견은 무엇이든지 보고하도록 하였다. 이를 계기로 바이츠만은 설탕에서 순수한 아세톤을 만드는 작업에 착수하도록 의뢰 받았다.

영국에서는 밀, 보리, 귀리, 감자를 많이 재배하고 있었으므로 이것을 이용하기로 하였다. 이들 곡물에는 녹말이 많이 있으므로 녹말을 비교적 간단하게 아세톤 제조에 알맞은 일종의 당으로 변화시킬 수 있었던 것이다. 그러나 이렇게 해서 만든 양은 기껏 한 컵 정도의 양이었다. 전쟁에 쓰이기 위해 필요한 3만 톤 정도의 아세톤의 양에는 턱없이 부족하였다. 그는 아세톤을 대량으로 생산하기 위해 증류 공장에서 실험을 하였고 여러 번의 실패를 거듭한 후, 옥수수로부터 얻어지는 당에서 한꺼번에 0.5톤의 아세톤을 만드는 방법을 알아냈다. 이리하여 연합국의 공장에서는 전시 중의 모든 수요를 충당할 수 있을 만큼의 순수한 아세톤을 생산할 수 있게 되었다.

결국 국내외 여러 곳에 아세톤 제조 공장을 건설한 영국은 제1차 세계 대전을 승리로 이끌 수 있었다. 나중에 영국 수상이 된 로이드는 당연히 바이츠만에게 적절한 명예나 보상으로 보답하려 하였다. 그러나 바이츠만은 팔레스타인 지역에 유태인들의 독립 국가를 건설하는 데 지원해 줄 것을 요청했고, 바이츠만의 이런 노력은 1917년의 '밸푸어 선언'을 이끌어내게 되었다. 당시 영국 외무장관 밸푸어가 '유태인 독립국가의 건설을 지지한다.'고 공식적으로 발표한 것이다. 1948년, 이스라엘이 건국되었고, 바이츠만은 이스라엘 건국에 대한 열정과 노력을 공로로 인정받아 초대 대통령으로 선출되었다.

강대국의 틈바구니에서 바이츠만은 실험실 내에서만 있던 과학자가 아니라 노련한 정치외교가로서의 수완을 발휘하여 이스라엘의 독립을 이루어냈으며, 과학자로서 대통령이 된 보기 드문 사례가 되었다.

(3) 명곡 '메시아'

오라토리오는 성악의 일종으로 줄거리가 있는 곡의 모임이지만 배우의 연기는 없고, 종교적인 내용을 주로 담고 있다. 오페라에 비하여 오라토리오에서는 독창보다도 합창이 중시되는 것이 특색이다.

헨델은 오라토리오 '메시아'로 잘 알려진 작곡가이다. 살아 있는 동안 영국에서 대예술가로서의 위상을 인정받았던 헨델은 인간으로서나 예술가로서 평생 동안 그 명성을 유지했다는 점에서 다른 음악가들과는 다른 독특한 존재였다.

마을 성가대 지휘자에게서 건반악기 연주와 작곡을 배웠는데, 베를린에서 재능을 인정받고, 함부르크에서 첫 오페라를 연주하였다. 곧 그는 이탈리아에서 큰 성공을 거두었으며, 런던에서는 영국의 국왕과 귀족의 환대를 받았다. 그는 오라토리오와 대규모 합창곡을 영국의 대중적인 음악 형식으로 만들었다.

'메시아'는 1741년 헨델이 작곡한 오라토리오이다. 헨델의 가장 유명한 오라토리오이며, 음악적, 역사적으로 가장 중요한 작품들 중 하나이다. '메시아'는 예수 그리스도에 대한 예언과 성육신, 죽음과 부활, 복음 전파, 그리스도의 죽음을 이긴 승리를 노래하는 종교적 작품이다. 대본은 예언서, 시편, 복음서, 바울 서신, 요한 계시록의 구절들이다.

'메시아'의 필사본은 259페이지에 달하는데, 헨델은 24일이라는 짧은 기간 동안 이 작품을 완성하였다. 헨델의 음악에 대한 열정이 명곡 '메시아'를 탄생시켰던 것이다. 필사본의 마지막에 헨델은 "SDG(Soli Deo Gloria, 오직 하나님께 영광)"라고 기록하였다.

'메시아'의 초연은 1742년 4월 13일 더블린에서 이루어졌고, 런던에서의 초연은 약 1년 후에 이루어졌다. 더블린에서 '메시아'가 초연된 이후 더블린 저널에는 다음과 같은 찬사가 실렸다.

"최고의 완성도를 선보인 작품이다. 감탄해 마지않는 수많은 청중들에게 형언하기 어려울 만큼 강렬한 기쁨을 선사했다. 가장 고상하고 장엄하고 감동적인 단어들에 걸맞은 그 숭고함, 성대함, 부드러움은 청중들의 마음과 귀를 다른 세계로 인도하고 매혹시켰다."

마지막 합창 '할렐루야' 연주 시 전 청중이 기립하는 관습은 런던 초연 때 영국 왕 조지 2세가 자리에서 일어나자 모든 이들이 다 일어났다는 설에서 비롯되었다. 한 음악가의 열정에 의해 하나님께 드리는 가장 아름다운 선율의 음악이 세상에 나오게 된 것이다.

(4) 백신 연구

2020년 초 중국 우한 지역으로부터 시작된 코로나19 바이러스로 인해 중국뿐만 아니라 전 세계가 공포에 떨어야 했다. 우리나라에도 많은 환자들이 발생하였고, 이들 중 면역력이 약한 노인들이 많이 사망했다. 이 질병이 무서운 이유는 치료제와 백신이 없었기 때문이다. 따라서 이 질병에 걸리면 격리 외에는 뾰족한 대책이 없었던 것이다. 왜냐하면 치료제와 백신의 개발에는 시간이 필요하기 때문이다.

그렇다면 백신의 개발은 어떻게 이루어졌을까? 이는 과학자 루이 파스퇴르의 집념어린 열정에 의해 탄생하였다.

19세기 후반 프랑스에는 닭콜레라가 유행하고 있었다. 이 병은 감염된 닭이 심각한 병색을 나타내면서 앓다가 며칠 버티지 못하고 죽게 되는, 치명적인 급성 질환이었다. 닭콜레라는 닭 사망률의 10%를 차지할 정도였으므로 닭을 키우는 농부들은 항상 노심초사하며 긴장된 나날을 보내야만 하였다.

루이 파스퇴르는 1880년에 닭콜레라를 해결하기 위한 연구를 시작하였다. 그는 닭콜레라에 걸린 닭의 벼슬에서 소량의 피를 채취하여 따뜻한 닭고기 수프에 떨어뜨렸다. 며칠 후 현미경으로 수프를 관찰하자 세균이 많이 증식했음을 확인할 수 있었다. 이 수프를 떨어뜨린 빵을 닭에게 먹이자 닭은 닭콜레라 증상을 보이면서 죽었다. 현미경으로 관찰한 세균이 닭콜레라의 원인임이 판명된 것이다. 다시 한 번 실험을 반복하여 같은 결과를 얻은 파스퇴르는 닭콜레라의 원인균을 발견했음을 확신한 후 기쁜 마음으로 휴가를 떠났다.

휴가에서 돌아온 파스퇴르는 닭콜레라균이 포함된 수프를 다시 건강한 닭에게 먹였다. 그러자 닭은 닭콜레라 증상을 나타내는 듯하다가 차차 기력을 회복하더니 며칠 뒤 완전히 정상으로 회복했다. 병원균이 포함된 수프를 먹었지만 회복되는 이유를 찾던 파스퇴르는 제너의 종두법을 떠올렸다. 배양 후 여러 날이 지나는 동안 닭고기 수프에 담긴 닭콜레라균의 병원성이 약화되었고, 이로 인해 이 세균을 먹은 닭이 앓다가 회복된 것이다. 파스퇴르는 이 아이디어를 이용하여 닭콜레라 예방법을 개발하기로 하였다.

다음 계획은 닭콜레라균이 배양된 닭고기 수프의 방치 기간을 달리하여 건강한 닭에게 먹인 후 증상을 관찰하는 것이었다. 실험 결과 닭콜레라균을 배양한 닭고기 수프의 방치 기간이 길어질수록 인위적으로 닭콜레라를 감염시킨 닭의 치사율이 낮아진다는 것을 알아냈다. 닭콜레라균의 병원성을 충분히 약화시킨 후 예방접종을 하면 닭콜레라균에 감염되더라도 아무 증상도 나타나지 않는다는 것을 확인했다. 즉, 닭콜레라 예방법을 알아낸 것이다. 이후 탄저병에 대한 백신도 개발했다.

그리고 광견병에 걸린 개로부터 혈액과 침 등의 추출물을 얻은 후 토끼의 뇌에 주입하여 광견병을 인공적으로 발생시키는 실험을 진행했다. 토끼에게 주입된 광견병 바이러스는 척수에서 그 수가 급격히 늘어났다. 광견병으로 죽은 토끼의 척수를 잘라서 공기 중에 건조시키면 서서히 독성이 약해진다는 사실을 확인한 파스퇴르는 시간 경과에 따른 광견병 바이러스의 독성을 측정하는 데 성공하였다.

수년이 지난 1885년, 광견병 개에 물린 9세 소년이 어머니와 함께 파스퇴르를 찾아왔다. 소년의 어머니는 파스퇴르가 광견병 백신을 가지고 있다는 소문을 듣고 찾아온 것이다.

파스퇴르의 백신은 안전성이 확실치 않았으므로 잘못하면 사망에 이를 위험성이 있었다. 하지만 어머니의 적극적인 요청과 다른 과학자들의 격려로 파스퇴르는 소년에게 최초로 광견병 백신을 접종하였다. 결과는 성공적이었다. 이때부터 광견병 예방은 물론 치료도 가능해졌다.

후에 밝혀졌지만 닭콜레라와 탄저는 세균이 원인이었고, 광견병은 바이러스가 원인이었다. 파스퇴르는 미생물 전반에 걸쳐 학문적 진보를 가져오게 함으로써 '미생물학의 아버지'라는 별명을 얻었다.

예방접종의 원리를 처음 발견한 사람은 제너였지만, 이 원리를 토대로 다양한 전염병에 적용 가능한 백신을 개발한 사람은 파스퇴르였다. 파스퇴르가 있었기에 뒤를 이은 학자들도 계속 새로운 개념의 백신을 발견하게 되었다. 중국 우한에서 발생한 코로나19 바이러스도 이러한 방법을 통해 백신이 개발되고 있다. 한 과학자의 지칠 줄 모르는 열정이 인류의 삶에 지대한 영향을 미쳤던 것이다. 파스퇴르는 백신으로 특허를 내어 막대한 부를 쌓을 수 있었음에도 불구하고 인류를 구원함이 우선이라고 상업화하는 것을 거부하여 인류가 혜택을 받게 하였다.

파스퇴르는 "기회는 준비된 사람에게만 온다."라는 명언을 남겼다.

겸손한 사람

기독교의 역사 가운데 성자라고 불릴 만큼 큰 업적과 본받을만한 신앙과 인격을 지녔던 어거스틴에게 어떤 사람이 찾아가서 질문을 하였다.

"신앙생활에서 첫째 되는 것이 무엇입니까?"

어거스틴은 "겸손입니다."라고 대답하였다.

"둘째는 무엇입니까?",

"겸손입니다."

"그럼, 셋째는 무엇입니까?"

"셋째도 겸손입니다."라고 대답하였다.

어거스틴은 "천사를 마귀로 만든 것은 교만이며, 인간을 천사로 만드는 것은 겸손이다."라고 했다. 또한, 겸손은 모든 미덕의 바구니이며, 사랑도, 자비도, 충성도, 온유도, 절제도, 인내도, 양선도 겸손이라는 바구니에 들어갈 때 아름답다고 하였다. 겸손은 모든 덕행의 기초가 되고 아무리 강조해도 지나치지 않는다.

성경에 겸손과 관련된 말씀을 몇 구절 살펴보면 다음과 같다.

"하나님은 겸손한 자를 구원하실 것이라." (욥 22:29)

"겸손한 자는 먹고 배부를 것이며 여호와를 찾는 자는 그를 찬송할 것이라 너희 마음은 영원히 살지어라." (시 22:26)

"여호와를 경외하는 것은 지혜의 훈계라 겸손은 존귀의 길잡이니라."
(잠 15:33)

교만과 아집이 있는 사람은 자기 삶의 발자취에 큰 오점을 남기기 쉽고, 자기의 공든 탑을 자기 손으로 훼손할 수 있다. 따라서 좋은 멘토가 되고자 하는 사람은 겸손한 마음가짐이 매우 중요하다.

(1) 머슴 출신 목사

전북 김제에 있는 금산교회는 ㄱ자 교회라는 또 다른 이름으로도 불린다. 지금도 보존되어 있는 옛적 한옥 예배당 모습이 ㄱ자 형태이기 때문이다. 1904년 봄, 말을 타고 전주에서 정읍을 왕래하며 복음을 전하던 테이트선교사(1862~1929)는 오가는 길 중간 지점인 김제의 한 마을에 자주 머물렀다.

선교사는 어느 날 이 마을에서 제일 큰 부자였던 조덕삼의 집 마방에 말을 맡기고 하룻밤을 묵게 되었다. 오랫동안 테이트 선교사를 지켜봐왔던 조덕삼은 그에게 "살기 좋다는 당신네 나라를 포기하고 왜 이 가난한 조선 땅에 왔는가?"라고 물었다. 테이트 선교사는 "하나님의 특별한 사랑 때문입니다."라고 대답하였다. 당시 보수적인 유교사상에 투철했던 조덕삼에게는 참으로 놀라운 말이었다. 이후 조덕삼은 자신의 집 사랑채를 내어주어 예배를 보도록 했다. 이것이 금산교회의 출발이다.

그런데 이 교회에서 더욱 놀라운 사건이 발생했다. 조덕삼의 집에는 머슴 겸 마부로 일하던 이자익이라는 청년이 살고 있었다. 그는 경남 남해 출신으로 6세 때 부모를 여의고 굶주림으로 허기진 배를 채우기 위해 고향인 남해를 떠나 곡창지대인 이곳까지 온 것이었다. 첫눈에 그를 불쌍히 여긴 조덕삼이 그를 거두어 머슴 겸 마부로 고용하였다.

어린 시절 고향에서 공부를 전혀 하지 못한 이자익은 어깨너머로 배운 천자문을 줄줄 외웠다. 그를 지켜본 조덕삼은 비록 자신의 머슴이었지만 아들과 함께 공부할 수 있도록 도와주었고, 신앙생활도 같이 할 수 있도록 배려해 주었다.

조덕삼과 이자익이 함께 신앙생활을 하며 몇 년 지난 1907년 금산교회는 장로를 선출하는 투표가 있었다. 그런데 조덕삼과 이자익 두 사람이 후보에 올랐다. 당시만 해도 신분질서가 명백했던 시절이었는데 주인과 머슴이 경쟁상대가 된 것이다. 투표 결과 머슴 이자익이 주인 조덕삼을 누르고 장로로 선출되었다. 성도들은 놀랐다. 이때 조덕삼은 다음과 같이 성도들에게 말을 하였다.

"우리 금산교회 성도님들은 참으로 훌륭한 일을 해냈습니다. 저희 집에서 일하는 이자익은 저보다 신앙의 열의가 훨씬 높습니다. 그를 장로로 뽑아주셔서 참으로 감사합니다."

자신을 누르고 먼저 장로가 된 머슴을 조금도 미워하거나 질투하는 표정이 아니었다. 그리고 실제로 장로가 된 이자익이 테이트 선교사를 대신해 교회 강단에서 설교할 때면 조덕삼은 교회 바닥에 꿇어앉아 그의 설교를 들었다. 집에서는 이자익이 조덕삼을 주인으로 깍듯이 섬겼다. 후에 조덕삼은 자신의 머슴을 장로로 섬겼을 뿐만 아니라 그가 평양에서 신학을 공부할 수 있도록 추천하고 지원을 아끼지 않았다. 조덕삼은 그로부터 3년 뒤 비로소 장로가 되었다.

조덕삼 장로는 교회를 신축할 수 있도록 자신의 땅을 헌납했다. 교회는 한옥으로 ㄱ자 모양으로 지어졌다.

이자익은 주인 조덕삼 장로의 배려로 훗날 신학교를 졸업하고 목사가 되어 1915년 금산교회 2대 목사로 부임했다. 이자익을 담임 목사로 적극적으로 청빙한 사람은 조덕삼 장로였다. 조덕삼은 이자익을 담임 목사로 깍듯이 예우했고 많은 이들로부터 존경을 받았다. 이자익 역시 사랑으로 성도들을 돌보았고, 교단에서 세 번씩이나 총회장을 지내는 한국교회사의 큰 인물이 되었다.

ㄱ자 교회로 유명한 전북 김제 금산교회는 매주 순례객들로 붐빈다. 한 주에 보통 십여 개 교회의 성도들이 찾는다고 한다. 한옥 ㄱ자 형태가 그대로 보존되어 있는 모습과 함께 믿음의 선조들이 꽃피운 아름다운 신앙 이야기가 큰 감동을 주고 있기 때문이다. 금산교회를 세운 조덕삼 장로는 아들과 손자까지 3대째 장로로 섬긴 가문으로 알려져 있다.

(2) 신관 사또

조선 영조 때 경기도 장단의 오목이라는 동네에 이종성이라는 은퇴한 정승이 살고 있었다. 동네 이름을 따 '오목 이정승'이라는 별명을 가진 그는, 매일 강가에 나가 낚시를 하면서 노후를 즐기고 있었다.

어느 여름날이었다. 그가 어린 하인을 데리고 낚시를 하다 시장기를 느껴 근처 주막에 방을 잡고 식사를 하고 있었는데, 마침 그 고을 신관 사또의 행차가 그 주막에 몰려왔다. 주막에 방이 하나밖에 없었기 때문에 사또는 부득불 오목 이정승이 식사하는 방으로 들어왔다. 신관 사또가 거만하게 수염을 쓸어내리면서 아랫목에 앉다 보니 문득 방구석에서 식사하는 노인과 어린아이가 눈에 띄었다. 그런데 그들이 마주한 밥상을 보니 사또로서는 난생 처음 보는 밥이었다. 호기심이 동한 사또가 물었다.

"여보게 늙은이, 지금 자네가 먹는 밥은 대체 무엇인가?"

"보리밥이오."

"어디 나도 한번 먹어볼 수 있겠나?"

"그러시지요."

이렇게 해서 노인이 내민 보리밥 한 숟가락을 먹어보았다. 순간 사또는 오만상을 찌푸리면서 보리밥을 뱉어내더니 소리쳤다.

"아니, 이것이 어떻게 사람의 목구멍으로 넘어갈 음식이란 말인가!"

사또가 노발대발하자 아전들은 냉큼 주모를 시켜 쌀밥과 고깃국을 가져왔다. 그러는 사이에 노인과 아이는 잠자코 밖으로 나가버렸다. 사또가 식사를 끝낼 무렵, 이정승 집 하인이 사또를 찾아왔다. 자신과 비교도 되지 않는 고관 벼슬을 지낸 어른이 부르자, 사또는 부리나케 정승 집 대문간을 뛰어넘었다. 그런데 섬돌 밑에서 큰절을 하고 고개를 들어보니 조금 전에 주막에서 보았던 바로 그 노인이 아닌가. 비로소 사태를 깨달은 신관 사또의 얼굴이 새파래졌다.

"대감, 아까 저의 잘못을 용서해 주십시오."

하지만 오목 이정승은 추상같은 목소리로 말하였다.

"그대는 전하의 교지를 받들고 부임한 관리로서 그 책임이 막중한데도 교만한 위세를 부렸으니, 그 죄를 묻지 않을 수 없다. 더군다나 백성들이 먹는 보리밥을 입안에 넣었다가 뱉어버리는 행위는, 도저히 복민관(고을의 원이나 수령을 이르던 말)으로서 있을 수 없다. 그런 방자하고 사치스러운 생각으로 어찌 한 고을을 다스릴 수 있겠는가?"라고 꾸짖었다.

이렇게 해서 과거에 급제하여 청운의 뜻을 품고 장단 고을에 부임했던 신관 사또는 자신이 귀하게 되자 겸손하지 못하고 교만함을 드러냄으로 인해, 그 고을의 고관으로부터 큰 창피를 당하게 된 것이다.

(3) 겸손의 왕

예수그리스도의 겸손과 관련된 성경 구절은 여러군데에서 볼 수 있다. 나는 빌립보서의 내용으로 강의 시 학생들에게 설명을 해주는 경우가 많았다.

"그는 근본 하나님의 본체시나 하나님과 동등됨을 취할 것으로 여기지 아니하시고 오히려 자기를 비워 종의 형체를 가지사 사람들과 같이 되셨고 사람의 모양으로 나타나사 자기를 낮추시고 죽기까지 복종하셨으니 곧 십자가에 죽으심이라." (빌립보서 2:6~8)

예수 그리스도께서는 '하나님과 본체였지만 하나님과 동등됨을 취할 것으로 여기지 아니하셨다(6절)'고 말한다. 예수 그리스도는 본래 하나님의 본체로서 하나님과 동등하신 분이다. 그러나 타락한 인간의 구원을 위해서 그 동등됨을 포기하셨다. 충분한 자격이 있으셨지만, 그렇게 대접받지 않기로 하셨다. 학생 여러분은 모두 귀한 집의 자녀들로 대접받고 인정받을 만한 충분한 자격이 있다. 그러나 대접받는 자리에 앉지 않고 오히려 대접하는 자리로, 섬기는 자리로 내려가는 것, 그것이 바로 겸손이다. 우리 모두가 이런 예수님의 마음을 품는다면 학교나 생활관에서 다툼이나 분쟁이 일어나지 않을 것이다.

또, '자기를 비어 종의 형체를 가져 사람들과 같이 되었다(7절)'고 말한다. 여기에서 '자기를 비어'라는 표현에 주목해야 한다. 이 말씀이 바로 '자기중심성'을 뽑아내는 것을 말하기 때문이다. 예수 그리스도께서도 이 '자기중심성'을 뽑아 버리셨다는 것이다. '자기'를 비우지 않는 '겸손'은 있을 수 없다. '자기'를 비우지 않으면 우리는 나와 다른 사람들과 같이 될 수 없다. 예수님은 공생애 기간 동안 '세리와 창기와 죄인들의 친구'가 되셨다. 하나님의 아들이신데, 아니 하나님 자신이신데, 어떻게 죄인들과 친구가 되어 같이 지낼 수 있단 말인가? 어떻게 종의 형체를 가질 수 있단 말인가? '자기'를 비우셨기 때문에 가능했다.

학교나 생활관에서 끼리끼리 뭉치는 것을 본다. 물론 마음이 맞는 사람끼리 모일 수 있다. 문제는 나와 생각이 다른 사람들을 배제하는 마음이 동기가 되어 끼리끼리 뭉치는 경우가 있다는 사실이다. 다른 사람과 생각이 다르다고 해서 은근히 따돌리는 것이다. 이런 일들이 학교나 생활관에 늘 고질적인 문제로 나타나고 있지만 겉으로 드러나지 않기 때문에 쉽게 알아내기가 어렵다. 왜 우리는 예수님처럼 되지 못할까? '자기'를 비우지 못한 탓이다. 이런 예수님의 마음을 품지 못한 탓이다.

계속해서 '자기를 낮추시고 죽기까지 복종하셨으니 곧 십자가에 죽으심이라(8절)'고 말한다. 예수 그리스도의 겸손은 죽기까지 복종하는 것이었다. 이 세상에 죽는 것을 좋아할 사람은 하나도 없다. 그것도 다른 사람을 위해서 죽는 죽음은 더욱 그렇다. 사실 예수님도 십자가의 죽음을 달가워하지 않으셨다. 겟세마네 동산에서 땀이 피가 되도록 주님이 기도하시던 장면을 우리는 잘 안다. 어떻게 해서든 피하고 싶은 길이었다. 그러나 결국 '내 뜻대로 마옵시고 아버지의 뜻대로 하옵소서.'라고 기도하신 후에 예수님은 십자가를 지셨다. 죽기까지 복종하신 것이다. 그 길이 인류를 구원하는 유일한 길이기에, 우리 주님은 복종하셨던 것이다. 이것이 바로 예수님의 겸손한 마음이다. 이것이 남들을 돌보는 마음이다.

글로벌선진학교는 자신만 돌보는 그런 곳이 아니다. 오히려 남들을 먼저 돌보는 기독교 공동체이다. 나는 손가락 까딱하지 않으면서, 다른 사람들에게 모든 일을 떠넘기고 팔짱끼고 구경하는 그런 곳이 아니다. 내가 조금 불편하고 또 손해를 보더라도, 다른 사람들에게 유익이 된다면 그것을 선택하는 곳이다.

예수님은 예루살렘 입성 시 나귀새끼를 타고 오셨다. 화려하고 멋진 옷에 백마를 타고 오신 것이 아니다. 십자가를 지기 위해 낮아지는 마음으로, 겸손한 마음으로 오신 것이다. 그래서 예수님을 겸손의 왕이라고 한다.

사랑을 품은 사람

한 아버지와 아들이 있었다. 아들은 아버지를 사랑했고, 아버지도 아들을 무척이나 사랑했다. 어느 날 아들은 아버지가 일하는 곳에 함께 가게 되었다. 아버지의 직업은 개폐식 다리의 관리자였다. 그리고 아들과 같이 다리의 개폐 스위치를 누르기로 약속을 하였다.

"한 시간 후면 기차가 도착할 거야. 30분 안에 여기로 돌아올게. 그때 같이 올라가서 다리를 내리자."

"우리가 스위치를 누르나요?"

"응, 우리가 같이 누를 거야. 30분이야, 다른 데 가면 안 돼. 알았지."

그리고 전화 한 통이 걸려왔다. 배가 곧 지나가니 다리를 올려달라는 전화였다. 다리가 오르고 곧 배는 안전하게 그곳을 통과하였다. 그런데 한 기차가 빨간색 불을 보지 못한 채 그 다리를 향해 달려오기 시작하였다. 다리는 여전히 올라간 상태였다. 이때 아들이 달려오는 기차를 먼저 발견하였다. 아버지를 다급하게 불러보았지만 아버지는 기계를 점검하느라 아들의 외침을 듣지 못하였다. 아버지는 기차가 이미 다리에 가까워진 후에야 기차를 발견하였다. 급히 아들을 불러보지만 아들은 약속한 장소에 없었다. 다리를 내리려고 직접 철길 위로 올라가 기계실로 간 것이었다. 하지만 아들은 결국 기계실 안으로 떨어지고 말았다.

멈출 줄을 모르고 계속 다가오는 기차. 다리를 내리면 다리에 눌리어 아들이 죽고, 다리를 내리지 않으면 아들은 살지만 기차 안의 수백 명의 사람이 목숨을 잃을 것이다. 결국 이 아버지는 하나밖에 없는 아들을 희생시켜 기차 안의 사람들을 살린다. 영화 'The Bridge'의 내용이다.

기차 안에는 '자신의 일터로 돌아가는 사람, 세상의 즐거움을 찾는 사람, 사랑하는 사람과 헤어지는 사람들'을 태우고 철길 위를 순조롭게 달려간다. 그들 중에 자신들이 위험에 빠져 있다는 사실을 모른다. 자신들이 죽을 수도 있었다는 사실도 모른 채, 자신들만의 방식으로 기차 안에서 시간을 보낸다. 미래에 대한 걱정을 하며 생각에 빠지기도 하고, 연인과 즐거운 대화를 나누기도 한다. 실연당한 남자도, 일터로 돌아가는 남자도, 친구들과 즐거운 한 때를 보내는 사람들도, 외모를 가꾸는 사람도, 그들 중 누구도 자신들이 죽을 뻔 했다는 사실을 몰랐다. 그리고 그때 창밖으로 오열하는 한 남자를 보게 된다. 그 남자에게 무슨 일이 있었던 걸까?

여러분이 그 기차 안에 있었다면, 그리고 시간이 흐른 후 그 모든 사실을 알게 되었다면 지금 여러분이 살고 있는 이 삶이 너무나 소중하고 감사하지 않겠는가?

"한 남자와 아들의 희생, 그리고 그 희생으로 살려낸 수많은 사람들."

나는 이 영화를 설명하면서 예수 그리스도의 사랑에 대해 학생들을 이해시켰다. 아들을 희생하면서까지 우리를 살리신 그 아버지를 만난다면 여러분은 무슨 말로 그 감사를 표현하겠는가?

"하나님이 세상을 이처럼 사랑하사 독생자를 주셨으니 이는 저를 믿는 자마다 멸망치 않고 영생을 얻게 하려 하심이라." (요 3:16)

(1) 원수 사랑을 실천한 사람

1938년 평양 장로회신학교를 졸업한 이후 줄곧 여수의 나병환자 요양원인 애양원의 교회에서 봉사하였으며, 신사참배의 강요에 굴복하지 않음으로써 1940년 체포되어, 광복이 되어서야 출옥하였다. 그 뒤 애양원교회에서 다시 일하다가 1946년에 목사 안수를 받았다. 1948년 10월 여수·순천 반란사건 당시 두 아들이 공산분자에 의하여 살해되었다. 계엄군에 의하여 살해자가 체포되어 처형되려는 순간에 구명운동을 전개하여 안재선이라는 살해범을 살려내고 양아들로 삼았으나 곧 6·25전쟁이 일어나면서 공산군에 체포되어 미평에서 그들의 총탄을 맞고 순교하였다. 손양원 목사에 대한 이야기이다.

손양원 목사는 양아들인 안재선을 신학교에 입학시켰다. 안재선도 신학 공부를 즐거워하였고, 동기들과 교수들로부터 총명하고 유머러스한 신학도로 인기가 많았다. 빈민촌 공부방 교사로서도 열심히 활동했다. 하지만 영원히 지워지지 않는 '주홍글씨'의 사슬에서 안재선은 방황하고 좌절했다. 어느 누가 '사람을 죽인 자'로부터 복음을 듣고 싶어 할까? 죽을 때까지 견뎌내야 할 주위의 따가운 시선과 비난, 그 고난의 가시밭길을 걸어가야 한다는 게 두려웠을 것이다.

신학을 포기한 안재선은 손양원 목사의 그늘을 벗어나기 위해 여수 앞바다의 무인도로 들어가 양식업을 시작하였지만 실패한 뒤 일가속을 데리고 상경했다. 서울 상계동에 정착해 암으로 세상을 떠날 때까지 아내와 자식들에게 애양원과 손 목사에 관한 이야기를 함구한 것은 물론이다.

그리고 세월이 흘렀다.

후두암을 앓던 아버지가 병석에서 일어나지 못하고 48세의 젊은 나이로 숨을 거두었던 1979년 12월 19일, 빈소를 지키던 상주인 그에게 한 중년 남자가 찾아왔다. "손양원 목사의 아들 손동길"이라고 자신을 소개한 그는 안경선의 손에 "내가 네 작은 아버지이다."라는 알 수 없는 말을 남긴 채 '사랑의 원자탄'이라는 제목의 책을 안겨주고 돌아갔다.

안경선은 그 책을 통해 손 목사의 두 아들을 죽인 그 사람이 자신의 아버지 안재선이었다는 것을 알게 되었다. 그제야 안경선은 "신학교에 가거라."라는 아버지의 유언이 떠올랐다. 평소 맏아들이 교회 다니는 것을 탐

탁지 않아 했던 아버지였다. 당황스러웠으나 책이 그 의문을 풀어주었다.

1948년 10월 27일 여수에 있는 애양원 교회, 공산주의 청년에게 총살 당한 두 아들 장례예배 때 손양원 목사는 다음과 같이 감사의 기도로 답사를 하였다고 한다.

"여러분, 내 어찌 긴 말의 답사를 드리리요. 내가 아들들의 순교를 접하고 느낀 몇 가지 은혜로운 감사의 조건을 이야기함으로써 대신할까 합니다.

첫째, 나 같은 죄인의 혈통에서 순교의 자식들을 나오게 하였으니 하나님
께 감사합니다.

둘째, 허다한 많은 성도들 중에 어찌 이런 보배들을 주께서 하필 내게 주셨
는지 그 점 또한 주께 감사합니다.

셋째, 3남 3녀 중에서 가장 아름다운 두 아들 장자와 차자를 바치게 된 나
의 축복을 하나님께 감사합니다.

넷째, 한 아들의 순교도 귀하다 하거늘 하물며 두 아들의 순교이리요. 하나
님 감사합니다.

다섯째, 예수 믿다가 누워 죽는 것도 큰 복이라 하거늘 하물며 전도하다 총
살 순교 당함이리요. 하나님 감사합니다.

여섯째, 미국 유학 가려고 준비하던 내 아들, 미국보다 더 좋은 천국 갔으
니 내 마음 안심되어 하나님 감사합니다.

일곱째, 나의 사랑하는 두 아들을 총살한 원수를 회개시켜 내 아들로 삼고
자 하는 사랑의 마음을 주신 하나님께 감사합니다.

여덟째, 내 두 아들의 순교로 말미암아 무수한 천국의 아들들이 생길 것이

믿어지니 우리 아버지 하나님께 감사합니다.

아홉째, 이 같은 역경 중에서 이상 여덟 가지 진리와 하나님의 사랑을 찾는 기쁜 마음, 여유 있는 믿음 주신 우리 주 예수 그리스도께 감사합니다.

끝으로 나에게 분수에 넘치는 과분한 큰 복을 내려 주신 하나님께 모든 영광을 돌립니다."

애양원 내 나환자촌 중턱에 손양원 목사의 묘지가 있고, 손 목사의 무덤 아래 장남 동인과 차남 동신의 무덤이 함께 있다. "이데올로기가 다 무엇이냐, 사람이 중하지, 죄는 미워하되 사람을 버려서는 안 된다."며 두 아들의 '원수'를 품이 인았던 성자, 사랑과 **통합**이 절실한 이 시대에 손양원 목사의 생애는 큰 메시지로 다가온다.

(2) 장애 군인의 사랑

제2차 세계대전이 끝나갈 무렵 미군은 오키나와를 공략하고 있었다. 개미 떼와 같이 많은 미 해병대의 젊은 병사들이 포화 속을 뚫고 해안으로 진격하고 있었다. 그들 가운데에 봅 드만이라는 병사가 있었다. 그런데 별안간 일본군이 쏜 총탄이 날아들어 그의 목이 관통되고 손가락 일부도 떨어져 나갔다. 탄환이 성대를 회복할 수 없을 정도로 손상시키는 바람에 그는 목소리가 속삭이는 것처럼 들릴 정도로 작아진 채로 남은 생을 보내게 되었다. 봅은 불구가 된 채로 살아남은 수많은 병사들 가운데 한 사람이었다. 어쨌든 목숨은 건졌지만 많은 병사들은 그 후 일생 동안 그들의 적 일본에 대해 뿌리 깊은 증오심을 느끼게 되었다.

전쟁이 끝나고 병원에서 건강을 회복한 그는 선교회에서 열심히 주님을 배우게 되었다. 이 세계를 위한 복음의 필요성을 깨닫고 봅은 일본 사람들의 영혼에 대해 관심을 가지게 되었다. 그는 적들을 사랑하기 시작한 것이다.

이 쉰 듯한 목소리로는 결코 복음을 제대로 전하지 못할 것이라는 선교위원회의 의견은 그에게 실망을 주기도 했다. 그렇지만 그는 뜻을 굽히지 않았고 일본에서 선교 사역을 하게 되었다.

많은 어려움이 있음에도 불구하고 선교의 불모지인 일본에서 선교 사역은 점점 자리를 잡아나갔다. 그리고 30여 년 동안 일본 선교 사역을 위해 헌신하였다. 30여 년이 지난 후, 봅은 안정적으로 유지되어 운영되고 있는 선교 사역을 일본인들이 운영할 수 있도록 하고 본인은 선교 사역지에서 물러났다. 그는 일본 군인의 총에 의해 일평생 장애를 가지게 되었지만, 이전의 적들을 위해 자기의 일생을 드린 것이었다.

"나는 너희에게 이르노니 너희 원수를 사랑하며 너희를 박해하는 자를 위하여 기도하라. 너희가 너희 사랑하는 자를 사랑하면 무슨 상이 있으리요. 세리도 이같이 아니하느냐." (마태복음 5:44, 46)

(3) 간호사의 사랑

터키에서 있었던 일이다. 터키인들은 터키에 살고 있는 아르메니아 사람들을 핍박하였다. 어느 날 한 터키인이 아르메니아인 남매가 살고 있는 집으로 들어갔다. 그는 먼저 오빠를 잔인하게 살해한 다음, 여동생을 죽이려고 하였는데, 여동생은 간신히 도망쳐 살아남았다. 수개월이 지난 후 살아남은 여동생은 간호사가 되어 병원에 근무하게 되었다.

병원에 한 환자가 들어왔는데 얼굴에 부상을 당하여 누구인지 알아볼 수 없을 정도로 심하게 다쳤다. 그 간호사는 정성을 다하여 환자를 치료하였다. 어느 정도 시간이 지난 후 환자의 얼굴을 본 간호사는 깜짝 놀랐다. 그 환자는 다름 아닌 자기 오빠를 잔인하게 살해한 사람이었다. 이 간호사의 마음에는 여러 가지 생각이 들기 시작하였다. 치료를 포기하여 환자를 죽이고 싶은 마음의 충동이 일어났다. 그러나 간호사는 "나는 예수를 믿는 사람이다. 예수님은 원수까지도 사랑하라고 하셨는데, 내가 이 사람을 죽여서야 되겠는가!"라고 생각하였다.

그래서 이 사람을 잘 치료하여 주기로 결심을 하였고, 정성을 다해 치료해 주었다. 한 달이 지나 이 환자가 회복되어 눈을 뜨게 되었다. 그리고 자기를 그 동안 간호해 준 간호사를 본 순간 소스라치게 놀랐다. 자기가 죽이려고 했던 여자이었기 때문이다. 너무도 혼란스러웠던 그는 간호사에게 가만히 물었다.

"당신 오빠가 수개월 전에 죽었지요?"

"예."

"누가 죽였는지 아십니까?"

"예, 바로 당신이 죽였습니다."

"그걸 알면서도 나를 이렇게 정성껏 치료해 주었습니까?"

"나는 당신을 처음 만났을 때 독한 마음을 먹었었지요. 그러나 주님의 말씀이 떠올랐습니다. 예수님은 원수도 사랑하라고 하셨습니다. 그래서 나는 당신을 더 열심히 치료하기로 작정하였습니다. 지금 이렇게 나은 것을 보니 기쁩니다."

이 말을 들은 터키인은 감동의 눈물을 흘렸다. 그리고 이렇게 고백을 하였다.

"만일 당신이 믿는 기독교가 이와 같은 것이라면 나도 이제부터 예수를 믿겠습니다." 그리고 교회를 다니게 되었다고 한다.

원남호수

봄이 되면
울긋불긋 봄꽃과 호수가 어우러져
봄의 화사함을 더하고
새소리는 정겹게 시골의 고요를 깨운다

여름이 되면
연꽃이 호수를 뒤덮고
잉어 떼들 펄떡펄떡 뛰놀며
재두루미는 긴 다리와 모가지를 내밀고
먹이 찾아 한가로이 거닌다

가을이 되면
호수는 단풍으로 인해
붉은색으로 물들어가고
호수는 많은 생명을 살리며
풍요로움으로 다시 가득 채워진다

겨울이 되면
산과 호수가 눈으로 뒤덮이고
청둥오리 한 쌍이 사랑을 속삭인다
호수 중앙의 구름다리에 쌓인 눈길을 걸으면
어느새 내 마음도 하얗게 된다

주변의 멘토

주변의 멘토

학생들에게 강의를 할 때 학생들의 흥미를 일으키기 위해 영화 '터미네이터'의 내용으로 시작하는 경우가 있다. 가벼운 설정으로 강의를 진행하기 위한 도입 부분으로 많이 쓴다. 그 영화 내용은 이렇다.

기계사회가 지배하는 미래 사회에서 반 기계 사회 지휘관으로 있는 존 코너의 리더십으로 인해 기계 사회의 전세가 불리해진다. 따라서 기계 사회는 지휘관(존 코너)의 탄생을 막기 위해 그의 어머니(사라 코너)를 죽여 존 코너의 탄생 자체를 없애려 타임머신을 타고 터미네이터를 보낸다는 내용이다.

그리고 학생 여러분도 미래 사회에 지대한 영향력을 미치는 존 코너와 같이 리더십을 가진 사람, 그리고 모두에게 존경받는 사람이 되었으면 좋겠다는 설명을 하고 강의를 시작한다. 조금 억지스러운 설정이지만 이 영화는 멘토를 설명하고 이해시키는 데 도움이 된다.

멘토라 하면 교사, 위대한 역사가, 위대한 업적을 남긴 장군, 정치인 등이 될 수도 있지만, 내 주변 가까이에 있을 수 있다. 바로 가족, 특히 부모님이다.

이 강의에서는 내 주변에 있는 멘토의 예를 들어 사례별로 설명을 해보고자 한다.

전설적인 판매왕

빌 포터는 뇌성마비로 태어나 어머니의 전인적인 사랑과 격려에 힘입어 생활용품 회사 왓킨스사의 방문판매로 취직하게 되었다.

오른손을 제대로 펴지도 못하고, 굽은 등은 늘 아팠으며, 말도 제대로 할 수 없었지만 매일 여덟 시간 15㎞를 걸으며 100여 곳의 집에 문을 두드렸다.

그는 매일 아침 4시 45분에 일어나 약 3시간 동안 나갈 채비를 하고, 7시 20분이 되면 시내로 나갈 버스를 탔다. 시내에 도착하면 자신이 활동할 지역으로 가는 버스를 8시 30분에 탔고, 9시에 버스에서 내리면 그때부터 그의 세일즈가 시작되었다.

일기예보에 다음 날 32℃가 넘을 거라고 나오면 '그 정도면 선선하지!'라고 생각했으며, 폭설로 길바닥이 빙판이 되어도 아랑곳하지 않고 나갔다.

오히려 날씨가 안 좋은 날이야말로 사람들이 집에 있기 때문에 세일즈에 더없이 좋다고 여겼다. 그렇게 24년을 세일즈에 전념한 그는 왓킨스사의 최고 판매왕이 되었고, 지금까지 그 기록이 깨지지 않는다고 한다.

이 장애를 극복하고 판매왕이 된 빌 포터는 다음과 같이 말하였다.

중대한 결정만이 삶을 변화시키는 것은 아닙니다. 사실 우리 삶을 변화시키는 것은 우리가 내리는 사소한 결정입니다. 한 번 더 웃어주고, 손을 흔들어주고, 아픈 친구에게 전화해 주고, 그가 요청할 때나 요청하지 않을 때나 누군가를 돕기 위해 불편을 감수하는 등 작은 행동이 삶에 큰 변화를 가져다줍니다. 저와 마찬가지로 당신에게도 다른 사람들에게 좋은 영향을 줄 수 있는 기회가 주어졌습니다. 그것은 바로 최선을 다해 자신에게 주어진 삶을 살아가는 것입니다. 사람들은 제가 수천 명의 삶에 영향을 주었다고 말하지만 저는 이렇게 말합니다.

"수백, 수천 명이 저를 도와주셨습니다. 그 모든 분들에게 감사드립니다."

자신이 과연 삶을 변화시킬 수 있을지 망설이는 분들에게 저는 이렇게 말씀드리고 싶습니다.

"그럼요, 당연히 할 수 있습니다!"

빌 포터를 있게 한 사람은 그의 어머니였다. 빌 포터에게 끝없이 인내심을 가지도록 요구를 했으며, 홀로 설 수 있도록 엄청난 사랑과 희생을 감내했던 것이다. 점심 도시락으로 싸 준 토스트에도 아들이 장애를 극복하고 정상적으로 살아갈 수 있도록 응원의 글을 써주었다. 어머니의 격려와 헌신으로 빌 포터는 전설적인 판매 왕이 될 수 있었던 것이다. 빌 포터의 인생 멘토는 그의 어머니였던 것이다.

링컨의 부모

아브라함 링컨은 남북 전쟁에서 북군을 지도하여 점진적인 노예 해방을 이룬 미국의 제16대 대통령(1861~1865)이었다. 링컨은 미국의 분열을 막은 지도자이며, 게티즈버그 연설에서 볼 수 있듯이 '국민의, 국민에 의한, 국민을 위한 정부(goverment of the people, by the people, for the people)'라는 미국 민주주의의 이상을 제시한 정치가로서 오늘날 미국 역사상 가장 훌륭한 대통령으로 존경받고 있다.

교육도 제대로 받지 못하고 자란 링컨이 어떻게 대통령이 되어서 미국인의 사랑을 한 몸에 받는 사람이 되었을까?

(1) 어머니

링컨의 어머니 낸시 링컨은 황무지 개척자의 아내로서 그리고 두 자녀의 어머니로서 척박한 자연 환경과 싸우며 가난한 시골 생활을 견뎌냈다. 그녀의 삶은 하루 종일 농사일과 허드렛일로 바쁜 생활의 연속이었지만, 자녀들을 돌보고 교육하는 일을 소홀히 하지 않았다.

관찰력이 뛰어났던 그녀는 링컨을 데리고 숲 속이나 강가를 거닐면서 링컨으로 하여금 신기하고 경이로운 자연의 세계에 눈뜨게 했고, 풍부한 상상력과 창의적인 사고로 사물을 바라볼 수 있도록 했다. 무엇보다도 그녀는 아들 링컨의 마음속에 '신앙'과 '꿈'을 심어 주고자, 한가로운 오후나 저녁 식사 후엔 찬송가를 불러주고 성경 이야기를 들려주었다. 때로는 분주한 대도시의 이야기도 해주었다.

링컨의 어머니는 외진 시골 마을에 살고 있어서 학교에 다니기 어려웠던 링컨 남매를 학교에 보내는 교육에 대한 집념이 강한 분이기도 했다. 하지만 링컨이 10살 때 그녀는 세상을 떠나게 되었다. 그녀는 링컨에게 이렇게 유언을 남겼다.

"사랑하는 에이브야! 이 성경책은 내 부모님으로부터 물려받은 것이다. 내가 여러 번 읽어 많이 낡았지만 우리 집안의 값진 보물이란다. 나는 너에게 100에이커의 땅을 물려주는 것보다 이 한 권의 성경책을 물려주는 것을 진심으로 기쁘게 생각한다.

에이브야! 너는 성경을 부지런히 읽고, 성경 말씀대로 하나님을 사랑하고 이웃을 사랑하는 사람이 되어다오. 이것이 나의 마지막 부탁이다. 약속할 수 있겠니?"

링컨은 비록 나이가 어렸지만 어머니의 유언을 마음 깊이 간직하고 그 약속을 지켰다. 링컨은 그의 친한 친구에게 어머니에 대해 다음과 같이 회상했다고 한다.

"내가 아직 어려 글을 읽지 못할 때부터 어머니께서는 날마다 성경을 읽어 주셨고, 나를 위해 기도하는 일을 쉬지 않으셨네. 통나무집에서 읽어 주시던 성경 말씀과 기도 소리가 지금도 내 마음을 울리고 있네. 나의 오늘, 나의 희망, 나의 모든 것은 천사와 같은 나의 어머니에게서 물려받은 것이라네."

(2) 아버지

  아브라함 링컨의 아버지 토마스 링컨은 1637년 영국에서 이민 온 직공의 후예로 신발 만드는 일을 하였다. 링컨 대통령이 대통령에 선출되었을 때 그러한 사실을 알게 된 상원의원들은 신발 제조공 집안 출신에다 제대로 학교도 다니지 못한 링컨 밑에서 일해야 한다는 것이 여간 불쾌하지 않았다. 링컨이 대통령에 선출되어 많은 상원의원 앞에서 취임연설을 하게 되었다. 링컨이 단상에 서서 막 연설을 시작하려고 할 때 한 상원의원이 일어나 링컨을 향해 말했다.

  "당신이 대통령이 되다니 정말 놀랍소. 그러나 당신의 아버지가 신발 제조공이었다는 사실을 잊지 마시오. 가끔 당신의 아버지가 우리 집에 신발을 만들기 위해 찾아오곤 했소. 이 신발도 바로 당신의 아버지가 만든 것이요."

  그런 후 그는 자기 신발을 내려다보았다. 그러자 여기저기서 킥킥거리는 웃음이 새어 나왔다. 링컨은 조용히 서있었다. 키가 훤칠한 링컨의 몸집은 조금도 흔들리지 않았다. 그러나 그의 눈엔 눈물이 가득 고였다. 그것은 부끄러움의 눈물이 아니었다. 링컨은 단호한 목소리로 말했다.

  "고맙습니다. 의원님 때문에 한동안 잊고 있던 제 아버지, 오직 저의 뒷바라지를 위하여 불철주야 고생하신 아버지의 얼굴이 생각납니다. 제 아버지는 신발을 만드는 일에 열정을 바치신 분이셨습니다. 저는 아버지의 그 열정과 집념을 따라갈 수가 없습니다. 그리고 아버지의 고생으로 저는 편하게 공부할 수 있었으며, 그 바탕으로 이렇게 대통령에 선출되게 되었습니다. 다만 아버지의 장인정신을 따라잡으려고 노력하였으나 결국 그에 미치지 못하였습니다. 저의 아버지는 많은 귀족들의 신발을 만드셨습니다. 여기 이 자리에 모이신 분들 중엔 내 아버지가 만드신 신발을 신은 분들도 계실 것입니다. 만약 신발이 불편하시다면 제게 말씀해 주십시오. 아버지의 기술을 옆에서 보고 배웠기 때문에 조금은 손봐 드릴 수 있습니다. 내 아버지가 만드신 신발은 최선을 다해 고쳐드리겠습니다."

그러자 취임연설을 듣기 위해 온 상원의원들 사이에 조용한 침묵이 흘렀다.

링컨은 어린 시절 어머니가 읽어 주던 성경과 기도 소리를 평생 기억하고, 하나님을 의지하며 살았던 대통령이기도 하다. 또한, 구두수선공 아버지의 성실함을 늘 옆에서 지켜본 사람이기도 하였다. 결국 어머니에게서는 신앙을 물려받았고, 아버지에게서는 성실함과 근면함, 유머를 물려받았다. 그는 늘 성경을 가까이 하였으며, 성실하고 검소한 생활을 한 대통령으로 미국인에게 크게 존경받는 대통령이 되었다.

"마땅히 행할 길을 아이에게 가르치라 그리하면 늙어도 그것을 떠나지 아니하리라." (잠 22:6)

시각 장애인의 아내

석은옥과의 만남은 어쩌면 숙명적이었다. 강영우가 걸스카우트 사무실을 방문했을 때, 이들은 처음 만났다. 석은옥은 걸스카우트 신입 회원으로 강영우를 돕는 프로그램에 막 동참하였던 것이다. 그때 강영우는 시각 장애인학교 중등부 1학년이었고, 석은옥은 여대생이었다. 가난과 실명의 고통에 찌든 모습을 상상했는데, 문을 열고 들어서는 강영우 학생은 외모만 보아서는 전혀 시각 장애인 같지 않았다. 프로그램이 진행되는 동안 석은옥은 강영우 학생만 힐끔힐끔 쳐다보았다.

누군가 강영우 학생을 버스정류장까지 데려다주고 오라고 했을 때 어디서 그런 용기가 나왔는지 석은옥은 "내가 다녀오겠다."라며 허락이 떨어지기도 전에 강영우 학생의 손을 덥석 잡고 광화문 사거리로 나섰다.

그때 처음으로 "숙대 영문과 1학년 석은옥이에요."라며 자기를 소개했다. 그 순간부터 석은옥은 그의 지팡이가 되어 주었다.

강영우는 열네 살 때 아버지가 돌아가셨다. 그리고 중학교 1학년 때인 열다섯 살 때 축구를 하다가 공에 눈이 맞아 실명하였다. 강영우의 어머니는 아들의 실명 때문에 충격을 받아 뇌출혈로 돌아가셨다. 고아가 된 형제들은 강영우는 장애인 재활원으로, 여동생은 고아원으로, 남동생은 철물점으로 뿔뿔이 흩어졌다. 재활원을 전전하며 강영우는 수년간 방황했다. 자살도 여러 차례 시도하였다.

그러나 어느 목사님의 도움을 받은 뒤 목사님의 다음과 같은 말에 마음을 고쳐먹었다.

"갖지 못한 한 가지를 불평하기보다 가진 열 가지를 감사하자."

처음 만날 때는 완전히 시력을 잃은 게 아니어서 강영우 학생은 어렴풋이나마 석은옥의 젊은 날 모습을 기억하고 있다. 그러나 후에 불빛조차도 구별할 수 없는 완전 시각 장애인이 되었다. 석은옥은 주말이면 시각장애인학교 기숙사에 찾아가 책도 읽어주고 안내도 해주는 일을 1년 정도 봉사하였다. 그러다 보니 정이 들어 강영우 학생을 동생으로 삼고 싶은 생각이 들었다. 외동딸로 동생이 하나 있었으면 했는데, 잘됐다 싶어 그 생각을 실천에 옮겼다. 누나와 동생으로 6년, 석은옥과 강영우는 너무나 아름다운 사랑을 했다. 물론 아가페 사랑이었다.

강영우는 1968년 3월, 서울시각장애인학교 고등부에서 어려운 과정을 통해 연세대에 입학하였다. 그리고 1968년 12월 22일, 학기말 시험을 마치고 함께 연세대 캠퍼스를 걷던 중 강영우가 석은옥에게 사랑을 고백하였다. 석은옥도 그를 무척 좋아한 데다 남은 생을 시각장애인 교육에 헌신하려고 준비해왔는데, 강영우를 반려자로 맞이하면 남편에게 시각장애인 동생을 이해해달라고 할 필요도 없으니 잘됐다고 생각하였다. 석은옥은 강영우의 사랑을 받아주었다.

주위의 반대에도 불구하고 1972년 2월 26일, 대학생이던 약혼자를 졸업하기까지 만 3년이나 기다린 끝에 드디어 나이 서른이 다 되어 결혼식을 올리게 되었다.

1972년 8월, 석은옥과 강영우 부부는 가슴에 큰 뜻을 품고 미국으로 유학을 떠났다.

이국땅에서 온갖 고난을 겪으면서도 1976년 4월 25일, 강영우는 드디어 피츠버그대학교에서 박사학위를 받았다. 또, 유학을 와서 이민자로 정착한 지 25년만에 강영우는 연방정부 최고 공직자가 되었다. 대통령 직속 국가 장애위원회 정책 차관보 자리에 오른 것이다. 석은옥은 강영우의 지팡이가 되어 부시 대통령 앞으로 그를 안내할 때 느낀 감회를 잊지 못한다고 하였다.

석은옥은 강영우의 지팡이가 되어 헌신적인 아내로, 두 아들을 잘 키워 훌륭한 며느리들까지 본 어머니로 살아온 자신이 자랑스럽다고 하였다.

친구

이항복(1556~1618)은 어린 시절 소문난 익살꾼이요, 장난꾸러기였다. 소년 이항복은 요샛말로 좀 '노는 아이'였다. 한 가지 못하는 것도 있었는데, 그것이 바로 글공부였다.

그러나 마음먹기에 따라 사람은 얼마든지 달라질 수 있다. 그는 다른 아이들보다 조금 늦게 글을 읽기 시작하였으나, 불철주야 노력한 덕분에 스물다섯에 어려운 문과시험에 당당히 합격하였다. 그로 말하면 상대를 포복절도하게 만드는 입담에다 글 솜씨까지 겸비하였던지라, 조정에서도 그의 인기는 대단하였다.

그가 활동하던 16세기 후반의 조정은 당쟁으로 혼란스러웠으나 이항복은 조금도 위축되지 않고 언제나 유쾌하고 활달하기만 하였다. 무려 39년 동안 벼슬길에 있었던 데다 요직인 이조판서를 한 번, 병조판서를 다섯 번이나 지냈다. 정승도 네 번이나 역임했다. 관운도 좋았거니와 인품이 넉넉하고 능력이 출중했기에 가능한 일이었다.

1592년, 임진왜란이 일어나 국운이 위태로웠다. 이때 이항복의 둘도 없는 벗 이덕형(1561~1613)이 사신으로 뽑혀 명나라로 출발하게 되었다. 이항복은 압록강을 건너가는 친구의 손을 붙들고 이렇게 말하였다.

"만약 이번에 자네가 구원병을 데려오지 못하면 내 시체를 이 나루터에서 찾으시게." 그러자 이덕형이 응답했다.

"끝내 구원병이 오지 않거든 자네는 나의 주검을 명나라 도읍에서 찾아오시게."

이처럼 결연한 마음가짐으로 그들은 난국을 헤쳐 나갔다. 결국 명나라로부터 구원병이 도착하였고, 모두가 힘을 합쳐 결국 왜적을 물리칠 수 있었다. 여기에는 물론 명장 이순신의 희생과 김덕령, 곽재우, 정인홍 같은 의병장의 공을 빠뜨릴 수 없다. 그러나 이항복, 이덕형의 애국충정이 어려운 국난을 극복하는 데 큰 역할을 하였던 것이다.

당파를 따지기로 하면, 두 사람은 서로 다른 편이었다. 그럼에도 그들은 당파를 초월해 친구로 남았다. 임진왜란이 끝난 지 수 년 후, 친구 이덕형이 먼저 세상을 떠났다. 이항복은 늙고 병든 몸을 이끌고 상가를 찾아가서, 손수 친구의 시신을 염하였다. 정치적 이해를 초월한 진정한 우정이요, 의리였다. 오성(이항복)과 한음(이덕형)이 바로 이 두 사람의 호였다.

앞에서 언급한 '오목 이정승'은 바로 이항복의 후손이다.

할머니

어느 남매가 어려서 부모 없이 할머니 손에서 자라서 성인이 된 후 과거를 회상하며 쓴 내용의 이야기이다.

교통사고로 아버지를 잃고 어머니마저 아버지가 남기신 빚을 갚기 위해 서울로 떠난 후, 다섯 살이던 나와 세 살이던 남동생은 시골에 계신 할머니 손에 맡겨졌다.

사람이라면 누구나 가장 먼저 기억나는 어린 시절이 있다. 내가 기억하고 있는 어린 시절은 지금까지도 제 가슴 속에 아픈 추억으로 자리하고 있다. 할머니 손에 맡겨지고 1년이 지난 여섯 살의 봄이었다.

어느 날, 도시생활을 하고 있던 친척들이 나와 남동생 문제로 할머니 댁을 찾아왔다. 할머니와 친척 간에 고성이 오갔다. 할머니는 계속해서 '안 된다'는 말씀만 반복하셨고, 친척들은 '사는 것이 힘들어서 도와줄 수 없다.'는 말만 거듭하였다. 큰아버지는 나와 남동생에게 새 옷을 입혀주고 새 신을 신겨주며, 좋은 곳에 가게 되었다고 말하였다. 울먹이던 할머니의 만류에도 불구하고 큰아버지는 우리 남매 손을 이끌고 문밖을 나섰다. 친척들 누구하나 따라나오는 사람이 없었지만, 할머니만은 달랐다. 맨발로 뛰어나와 저희 남매를 끌어안고 우셨다.

'안 된다. 절대 못 보낸다. 고아원에도, 다른 집에도 못 보낸다. 죽은 내 아들 불쌍해서 이것들 못 보낸다. 너희들한테 도와달라고 안 할 테니까 보내지 마라. 그냥 내가 키우게 놔둬라.'

할머니는 그렇게 말씀하시며 목 놓아 우셨다. 그때 할머니의 눈물이 지금까지 우리 남매를 있게 해준 것이다.

할머니는 하루도 거르지 않고 남의 집으로 일을 다니시며 받아오신 품삯으로 생활을 꾸려가셨다. 그리고 우리를 키우기 위해 얼마나 고생을 하셔야 했는지, 스스로 얼마나 억척스럽게 살아야 했는지, 그때는 너무 어려서 몰랐다. 철이 들 무렵에야 그것을 알게 되었다. 꽃으로 태어났으나 들풀로 사셔야 했던 그분의 인생, 가난은 부끄러운 것이 아니라 조금 불편한 것일 뿐이라는 걸 가르쳐 주신 할머니, 사랑합니다.

이 남매에게 할머니가 계시지 않았다면, 아마도 고아원에게 맡겨져 제대로 보살핌이나 사랑을 받고 자라지 못하고 세상을 탓하며 삶을 살았을 것이다. 성인이 된 후에야 할머니의 헌신적인 희생과 사랑으로 자신이 바르게 성장하였음을 깨닫게 된 것이다. 할머니는 삶으로 이 남매의 멘토 역할을 하였던 것이다.

며느리

아무리 생각하여도 모진 가문이었다. 조상 대부분은 단명하였고 그것을 막아보려고 푸닥거리도 여러차례 하였다. 이런 가문에 그녀는 시집을 왔다. 어려서부터 신앙을 가진 그녀가 지독한 불신 가정으로 시집을 온 것이다. 시집온 날 시어른들은 그녀가 가진 성경책을 발견하고 "집안을 망치려고 왔느냐?"라며 성경을 불태워버렸다. 그녀는 가족들 몰래 교회에 나가 예배를 드리다가 남편에게 머리채를 잡혀 끌려온 적도 적지 않았다.

세월이 흘러 그녀는 아들도 낳고, 딸도 낳았다. 얼음장 같던 남편의 마음이 바뀌기 시작한 것은 남편과 목사님의 관계 때문이었다. 알코올 중독자인 남편이 목사님과 이런저런 대화를 나누면서 그녀의 교회 출석을 용납하기 시작하였다.

그리고 그녀의 가정에 예수 그리스도의 향기가 조금씩 드러나기 시작하였다. 시아버지는 뇌졸중으로 세상을 떠나면서 예수님을 영접했고, 시어머니도 기도로 질병을 치유받은 뒤 교회에 열심히 다니기 시작하였다. 지금 그녀의 자녀들은 교회에서 청년회 회장으로, 교사로 봉사하고 있다. 이 성도는 다음과 같이 고백을 하였다.

"나는 30년간의 캄캄했던 세월에 대해 감사하다. 또다시 그렇게 살라고 하면 망설여지지만 아무나 누릴 수 없는 감사의 세월이었음을 부인할 수 없다."

이 글은 어느 성도가 믿지 않는 가정으로 시집을 와 겪었던 험한 세월을 믿음으로 극복한 사례의 간증문이다. 이 성도는 시댁, 그리고 남편의 온갖 반대에도 불구하고 신앙을 저버리지 않고 결국 가족 구원의 놀라운 역사를 이루어 내었다. 이 며느리의 가정 복음화에 대한 간절함이 없었다면 이 가정은 하나님의 축복을 받지 못했을 것이다. 이 가정은 멘토 며느리 때문에 가정 복음화를 이루어 냈던 것이다.

동생의 헌신

고호와 그의 동생 테오의 묘는 함께 나란히 누워 있다. 부부의 묘가 나란히 놓여있는 것은 흔히 볼 수 있지만, 형제의 묘가 나란히 놓여있는 것을 보기는 쉽지 않다. 나란히 놓여있는 이 형제의 묘는 살아있을 동안 이들이 나누었을 형제애가 어떠했는지를 잘 보여준다.

네덜란드의 후기 인상파 화가 빈센트 반 고흐(1853~1890)는 오늘날 많은 사람들의 사랑을 받고 있는 화가이지만 생전에는 아무에게도 인정받지 못하고 비참한 생활을 하였다.

고호의 그림은 너무 독특해서 아무도 그의 그림을 인정해 주지 않았다. 하지만 동생 테오만은 형의 재능을 이해해 주었다. 그뿐만 아니라 테오는 자신이 화방에서 일해 번 돈으로 형이 그림을 그릴 수 있도록 생활비를 대 주었고, 형이 아플 때면 모든 일을 제쳐놓고 달려와 형을 돌보았다.

테오가 이렇듯 형에게 헌신적인 사랑을 베푼 이유는 형에게서 맑고 순수한 영혼을 발견할 수 있었기 때문이었다. 자신은 예술가의 그림을 파는 장사꾼에 지나지 않지만, 형은 예술을 하는 사람이라고 믿었다. 그래서 형의 그림을 보고, 형과 예술에 대해 이야기하면서 테오는 행복을 느낄 수 있었다. 테오가 형을 얼마나 존경했는지 자기 아들의 이름을 빈센트라고 지은 데서도 잘 알 수 있다.

형을 위해 헌신적인 삶을 살았던 테오는 형이 37세의 나이로 세상을 떠난 뒤, 형의 작품을 전시하고 세상에 알리는 일을 하다 여섯 달 만에 형의 뒤를 따라 세상을 떠나게 되었다. 삶을 함께 했던 형제는 죽음마저 함께 한 것이었다.

37년이라는 생애 동안 지독한 가난에 시달리며 늘 고독했던 고흐는 그의 후원자이자 동반자였던 동생 테오와 1872년 8월부터 세상을 떠날 때까지 편지를 주고 받았다. 그가 테오에게 보낸 편지는 668통이나 된다고 한다.

다음은 편지 내용의 일부이다.

"열심히 노력하다가 갑자기 나태해지고, 잘 참다가 조급해지고, 희망에 부풀었다가 절망에 빠지는 일이 반복되고 있다. 그래도 계속해서 노력하면 수채화를 더 잘 이해할 수 있겠지. 그게 쉬운 일이었다면, 그 속에서 아무런 즐거움도 얻을 수 없었을 것이다. 그러니 계속해서 그림을 그려야겠다."

침몰하던 배에서 일어난 일

1912년 4월 12일 초호화 여객선 타이타닉호가 첫 항해를 하였다. 모든 사람들이 타 보고 싶어 하는 꿈의 여객선이었다. 영국 사우햄프턴을 떠나 프랑스 셸부르와 아일랜드 퀸스타운에 기항해 다음 목적지 뉴욕으로 향해 가는 중이었다. 새 인생을 꿈꾸는 사람들은 다투어서 이 타이타닉호로 몰려들었다. 스미스 선장과 승무원, 승객 모두를 합쳐 2,208명이었다.

사고 당시 38세였던 찰스 래히틀러는 이등 항해사로서 타이타닉호의 부선장이었다. 구조된 승객을 책임지기 위해 선원 중 유일하게 구조된 승무원이었다. 그가 참사 현장을 담은 회고록을 통해 침몰 당시 감동 실화를 알 수 있었다.

[사례 1]

타이타닉호의 침몰을 앞두고 선장은 "여성과 아이를 먼저 구조하라."라고 명령을 내렸다. 첫 구명보트가 바다로 내려갔다. 나는 갑판 위에 한 여성에게 말했다.

"부인, 어서 보트에 오르세요."

"아니에요. 저는 배에 남겠어요."

"그러지 말고 어서 타요, 여보!"

"혼자 가지 않겠어요. 당신과 함께 이 배에 남을 거예요."

그것이 찰스 래히틀러가 본 그 두 부부의 마지막 모습이었다.

당시 세계 최고 부자였던 에스터는 임신 5개월 된 아내를 구명보트에 태워 보내고는, 강아지를 안고 멀리 가는 보트를 향해 외쳤다.

"사랑해요. 여보!"

승객들을 대피시키던 선원 한 명이 에스터에게 보트에 타라고 하자, 에스터는 한마디로 거절했다.

"사람이 최소한의 양심은 있어야 하지 않겠습니까?"

그리고 나서 마지막으로 남은 한자리를 곁에 있던 한 아일랜드 여성에게 양보하였다. 그리고 며칠 후, 배의 파편들에 의해 찢긴 에스터의 시신을 생존자 수색 중이던 승무원이 발견하였다. 그는 타이타닉호 10대도 만들 수 있는 자산을 가진 대부호였지만, 살아남을 수 있는 모든 기회를 거절하였다. 자신의 목숨으로 양심을 지킨 위대한 사나이의 유일한 선택이었다.

성공한 은행가였던 구겐하임은 생명의 위협을 느끼는 순간에도 멋진 옷으로 갈아입으며 말했다.

"죽더라도 체통을 지키고 신사처럼 죽겠습니다."

구겐하임은 아내에게 남긴 쪽지에 이렇게 적혀 있었다.

"이 배에는 나의 이기심으로 구조받지 못하고 죽어간 여성은 없을 것이오. 나는 금수만도 못한 삶을 사느니 신사답게 죽을 것이오."

그리스 로잔의 생존자 모임에서 스미스 부인이 자신에게 자리를 양보한 여성을 회고하며 이렇게 말했다.

"당시 제 두 아이가 구명보트에 오르자, 만석이 되어 제 자리는 없었습니다. 이때 한 여성이 일어나서 저를 구명보트로 끌어당기면서 말했습니다. '올라오세요. 아이들은 엄마가 필요합니다.' 그 대단한 여성은 이름을 남기지 않았습니다."

사람들은 그녀를 위해 '이름 없는 어머니'라는 기념비를 세웠다.

[사례 5]

남편과 미국으로 신혼여행을 떠나던 중이던 리더파스는 남편을 꼭 껴안고 혼자 살아남는 것을 거부하였다. 남편은 주먹으로 그녀를 기절시켰다. 정신이 돌아왔을 때는 이미 그녀는 바다 위에 떠 있는 구명보트 안에 있었다. 그녀는 평생 재혼하지 않았으며 남편을 그리워하였다.

미국 메이시 백화점 창업자 슈트라우스는 세계 두 번째 부자였다. 그가 어떤 말로 설득해도 아내 로잘리를 구명보트에 태우지 못했다.

"당신이 가는 곳에 항상 함께 갔어요. 세상 어디든지 당신과 함께 갈 거예요." 구명보트의 책임 선원은 67세의 슈트라우스에게 다음과 같은 말로 구명정 탑승을 권했다.

"누구도 당신이 보트를 타는 것을 반대하지 않을 것입니다."

그러나 그는 단호한 말투로 다음과 같이 말하였다.

"다른 남성들보다 먼저 보트에 타라는 제의는 거절하겠습니다."

그는 생사의 순간에도 초연한 모습을 보였다. 그리고 그는 63세의 아내 로잘리의 팔을 잡고 천천히 갑판 위의 의자에 앉아 최후의 순간을 기다렸다. 현재 뉴욕 브롱크스에 슈트라우스 부부를 기리는 기념비에는 이렇게 적혀 있다.

"바닷물로 침몰시킬 수 없었던 사랑!"

1912년 타이타닉호를 기리는 자리에서 타이타닉호를 건조한 선박회사 화이트스타라인(White Star Line)은 희생자들에게 대해 이렇게 말하였다.

"남성들의 희생을 요구하는 해상 규칙은 그 어디에도 존재하지 않습니다. 단지 그들의 행동은 약자들에 대한 배려이자, 그들의 개인적인 선택이었습니다."

멘토의 조언

멘토의 조언

통일한국을 이끌고 갈 민족 지도자 양성은 GVCS 학생의 미래 비전 중 중요한 요소 중 하나이다.

1945년 8월 15일 민족이 그토록 염원하던 광복의 기쁨도 잠시, 한반도는 하나된 정부를 수립하지 못한 채 남북으로 나뉘게 되었다. 1947년 유엔 총회에서 남북한 동시 총선거를 통한 정부 수립이 결의되었지만 북측 진영의 반대로 수포로 돌아가고, 이듬해인 1948년 5월 10일 결국 남한만 총선거를 치르고, 같은 해 8월 15일 대한민국 정부가 수립되었다. 1948년 9월 9일 이미 내부적으로 정권 수립을 위한 준비를 마치고 기회를 엿보고 있던 북한 역시 조선민주주의인민공화국을 수립하였다. 해방된 지 3년 만에 우리 민족은 누구도 상상하지 못한 분단의 길을 걷게 되었다. 1950년 6월 25일 새벽 북한의 기습 남침으로 시작된 한국전쟁은 3년간 지속되었으며, 엄청난 사상자와 전쟁고아, 이산가족을 낳는 비극을 가져왔다. 1953년 7월 27일 휴전 협정을 맺으며 전쟁은 멈췄지만 아직까지도 남북한이 분단되어 있다.

그러면 통일은 왜 해야만 하는가?

몇 가지 이유를 들어 간단하게 살펴볼 필요가 있다.

첫째, 경제적인 이유이다. 많은 이들이 통일을 주저하는 이유가 통일 비용 때문이라고 한다. 그러나 남북이 분단되어 있는 분단 비용을 살펴보면 쉽게 답을 얻을 수 있다. 방위비로 연간 약 330억 달러(남한 약 280억 달러, 북한 약 50억 달러)가 쓰이고 있다. 또 북한에 대한 외교적 우위를 점하기 위해 지불하는 외교비, 이념이나 통일 교육에 소요되는 비용, 대북관련 기관 유지 비용, 통일 정책 관련 정부 행정 비용 등 많은 비용이 들고 있다. 분단 비용은 분단이 지속되는 동안 계속 발생을 하지만, 통일 비용은 한시적으로만 발생한다.

통일 이후 북한의 풍부한 지하자원과 노동력을 활용할 수 있고, 서유럽에서 동북아시아까지 철도로 연결해서 동북아의 물류 중심국가가 될 수 있다. 통일 후의 경제적 효과는 무한하다고 할 수 있다. 다국적 투자회사인 골드만삭스에 의하면 2050년 경 우리나라는 GDP 세계 제2위의 경제대국이 될 것이라고 예측하였다. 물론 통일한국이라는 전제 조건으로 예측한 것이다.

둘째, 인도주의적 차원이다. 현재까지 약 2만여 명의 가족들이 남북으로 서로 떨어져 있다. 오랜 세월 흐르고 있던 그 눈물, 슬픔을 더 늦기 전에 멈추어야만 한다.

셋째, 민족적 차원이다. 우리 민족은 천 번 이상의 외세 침입을 받으면서도 반만년 동안 꿋꿋하게 이 나라를 자주적으로 지켜왔다. 하나 된 우리 민족을 후세에게 물려주기 위해서라도 통일은 꼭 되어야 한다.

넷째, 민족의 복음화를 위해서이다. 1907년 평양 대부흥운동은 한국교회 성장과 부흥의 가장 중요한 도화선이었다. 복음의 심장부와 같았던 평양의 재복음화를 반드시 이루어야만 한다. 복음의 원산지였던 북한이 다시 한번 복음의 불꽃으로 타오를 수 있도록 하는 것이 이 시대를 사는 우리 믿는 자들의 마지막 사명이다.

나는 학생들에게 강의를 할 때 가급적 본받아야 할 멘토들에 대해 자주 이야기해 준다. 이론적으로 설명을 하기보다 실제 사례를 들어 강의를 하는 것이 학생들에게 효과적인 교육 방법이라는 사실을 알고 있기 때문이다. 따라서 영역별로 용기, 리더십, 정체성, 가치관에 대한 설명을 하면서 그들의 삶을 본받고 학생들이 그러한 마음으로 세상에 나가 살기를 희망해서 소개해 본다.

평범한 사람은 평범한 멘토의 역할밖에 할 수 없다. 비범한 사람이 한 영혼을 살리고 그 사람을 위대하게 만든다.

용기

우리는 살아가면서 가끔 두려움을 느낄 때가 있다. 내가 할 수 있는 것보다 더 큰 일이 기다린다고 생각되거나, 해낼 자신이 없는 일을 해야만 할 때 두려움을 느끼게 된다.

그럴 때 용기를 가져야 한다고 하는데, 과연 용기란 무엇일까?

무서워 보이는 것을 보고도 두렵지 않은 것이 용기일까?

만일 정말 높은 곳을 걸어가야 하는 일이 생겼는데, 하나도 무섭지 않다고 무작정 걸어가다가 떨어져서 다친다면 그것은 용기 있는 행동일까?

두려울 수는 있지만 그렇다고 거기에서 멈추고 돌아가야 하는 것이 아니라, 두렵기 때문에 이것이 어떤 것인지 잘 알아보고, 내가 할 수 있는 최대한 준비를 해서 앞으로 나아가 보는 것이 진정한 용기이다.

사실 알고 보면 별 것 아닌데 잘 모를 때 두려움이 생길 수 있고, 한 번 해보고 나면 아무렇지도 않은데, 해 보기 전에 두려움이 생길 수 있다.

물론 미래로 가기 위해서 우리는 종종 현재에서 벗어날 필요가 있다. 두려움은 이와 같이 벗어나는 과정에서 발생하는 감정이다. 이것은 여러분이 성장하고 있다는 신호이다. 당신의 소유, 당신의 존재, 그리고 현재 당신의 신념 등에 애착을 가지면 가질수록 두려움이 더 커질 것이다. 어떤 일을 시작하기 전에 두려움을 느끼지 못한다면, 그것은 여러분이 하고자 하는 일이 그다지 중요한 과제가 아니라는 사실을 나타낸다. 두려움이 여러분을 올바른 방향으로 가고 있다는 것을 확인해 주는 신호라고 생각해야 한다.

따라서 앞으로 두려움이 생긴다면 그 두려움을 잊어버리려고만 하지 말고 왜 두려운지 생각해 보고, 그것에 대해 더 알아보고 준비를 해서 앞에 놓인 두려운 일들을 잘 헤쳐 나가는 것이 중요하다. 멘토가 되고자 하는 사람은 두려움을 극복하고 행동하는 용기를 가지고 있어야 한다.

"용기란 두려움이 없는 상태를 말하는 것이 아니다. 진정한 용기란 두려움에도 불구하고 행동하는 것이다." (스튜어트 에이버리 골드)

(1) 제2차 세계대전의 영웅

"벨기에는?"

"무너졌습니다."

"노르웨이도?"

"네덜란드도요. 프랑스도 얼마 안 남았습니다."

"의회 분위기는 어떻소?"

"패닉 상태죠."

"그대는? 그대는 두렵지 않소?"

"제일 두려운 게 바로 저죠. 맞서 싸우자는 제 주장에 대한 의회 지지도 무너졌습니다."

"난 경을 지지하오."

"네, 뭐라고 하셨습니까?"

"경을 지지한다고 했소. 고백하건대 처음에는 경을 못 믿었소. 하지만 그대의 총리 임명을 제일 두려워하는 건 히틀러였을 거요. 그런 야만인을 두렵게 하는 사람이라면 모두의 신뢰를 받아 마땅하지. 함께 뜻을 모아봅시다. 나는 늘 경을 지지할 거요. 그 꼴통들 혼쭐을 내줍시다."

위 내용은 긴박한 전시 상황에서 전시 내각 총리로 임명받은 처칠과 조지6세 국왕과의 대화 내용으로, 암흑의 시간(Darkest Hour)이라는 영화 내용의 일부이다. 당시 누구도 영국 총리직을 맡고 싶어 하지 않았다.

제2차 세계대전이라는 영국의 암흑기, 그곳에서 가장 고독한 사람이 처칠 수상이었다. 제2차 세계대전을 승리로 이끈 영국민들의 전쟁 영웅이자 영원한 수상, 윈스턴 처칠은 언제나 당당하고 떳떳했으며, 그의 말에는 강력한 힘이 있었다. 하지만 그 자리에 오르기까지 수많은 고뇌의 밤을 삼켜야만 했고 누구보다 두려웠을 것이다. 짓누르는 압박감과 고통 속에서도 그는 결코 현실과 타협하지 않았다. 끝내 신념을 지켰으며, 그의 연설은 모두를 단결시켰다. 결국 히틀러를 물리치고 전쟁에 승리하였다.

하루는 영국의 명문대학인 옥스포드대의 졸업식에서 3분에서 4분 정도의 졸업연설을 부탁받았다. 졸업식에는 수많은 사람들이 참석하였고 수많은 사람들이 영국의 위대한 정치가인 처칠의 연설을 기대하는 눈빛으로 그를 기다렸다.

처칠이 천천히 강단으로 올라와서 아무 말도 없이 한참을 청중(졸업생들)을 바라보고 있었고, 청중들은 조용한 분위기 속에 원로 정치가 처칠이 입을 열길 기다리고 있었다.

처칠은 아주 작은 목소리로 "You, never give up!"이라고 말했다. 그리고 잠시 뜸을 들인 후에 좀 더 큰 목소리로 "You, never give up!"이라고 말했다. 그리고 다시 잠시의 뜸을 들인 후에 이번에는 아주 큰 목소리로 "You, never give up!"이라고 외치고는 강단에서 내려왔다.

그는 졸업을 앞둔 영국의 미래를 짊어질 젊은 청년들에게 "환경에 굴하지 않고 절대 포기하지 않는 사람"이 되기를 진심으로 바랐던 것이다. 연설은 몇 초 만에 끝났지만 그 울림은 젊은이들의 가슴에 오랫동안 각인되었다. 그는 다음과 같이 말했다.

"전쟁에서 진 나라는 다시 일어설 수 있지만, 항복한 나라는 다시는 일어설 수 없습니다."

"성공도 실패도 영원하지 않습니다. 중요한 건 굴복하지 않는 용기입니다."

(2) 두려움을 넘어 발견한 새 땅

콜럼버스는 1451년, 이탈리아의 항구도시 제노바에서 태어났다. 스물다섯 살, 선원이 되어 항해를 하던 콜럼버스는 해적의 습격을 받아 포르투갈의 리스본 항구로 피신했다. 그는 그곳에서 스페인어와 항해법을 공부했고, 2년 뒤 한 귀족 집안의 아가씨와 결혼을 하였다. 콜럼버스는 장인에게서 항해지도와 선장일지 등 항해에 필요한 장비와 자료들을 물려받았다. 특히 검은 바다로 알려진 대서양의 바람과 해류에 관한 정보와 지식을 습득하였다.

당시 유럽 사람들은 인도, 중국, 일본 등을 지구의 끝으로 알고 있었다. 또한, 비단과 향료, 황금과 보물이 넘쳐나는 신비의 땅으로 생각하였다. 그러면서 동양과의 무역은 실크로드(Silk Road, 내륙아시아를 횡단하여 지중해 연안 지방과 아시아를 연결하던 무역 길)를 통해서 하고 있었기 때문에, 바다로 왕래한다는 것은 누구도 생각할 수 없었다. 또 그때는 대부분의 사람들이 바다 끝에는 낭떠러지가 있다고 믿고 먼 바다에 나가는 것을 두려워하였다. 그런데 콜럼버스는 먼 바다로 나가면 새로운 땅이 있을 것이라 믿고 도전해

보기로 하였다. 그는 여러 나라 왕들에게 탐험에 필요한 경비를 도와달라고 했지만 선뜻 그의 요구에 응하는 나라가 없었다. 그래도 콜럼버스는 포기하지 않았다.

1492년, 콜럼버스는 스페인 이사벨 여왕의 후원으로 세 척의 배를 이끌고 탐험을 시작하였다. 사실 그는 인도가 멀지 않은 곳에 있다고 생각하였다. 따라서 선원들을 모집할 때, 7~8일 정도면 인도에 도착할 것이라고 하였다. 그러나 그의 항해는 한 달을 넘겼다. 끝없이 이어지는 망망대해에서 선원들은 두려움을 느꼈다.

"우린 지금 바다 끝 낭떠러지로 가고 있다. 돌아가야 한다, 배를 돌리자!"

결국 선원들의 반란이 일어났다. 성난 선원들이 선장실로 몰려왔다. 콜럼버스는 무릎을 꿇고 기도를 드렸다. 그때였다. "육지가 보인다!" 망루에 올라 있던 선원이 소리쳤다. 콜럼버스가 도착한 곳은 지금의 미국 플로리다주 해변이었지만 그는 그곳이 인도와 가까운 곳이라고 생각하였다. 그래서 그곳에 살고 있던 사람들을 '인디오(인도 사람)'라고 했는데, 그 때문에 훗날 아메리카 대륙에 살고 있던 원주민들을 '인디안'이라고 하게 된 것이다.

스페인으로 돌아온 콜럼버스는 여왕과 국민들의 열렬한 환영을 받았다. 여왕은 콜럼버스를 신대륙의 총독으로 임명하고, 많은 황금을 내려 그의 공로를 칭찬하였다. 그러자 그를 시기하던 대신들이 여왕에게 항의하였다.

"콜럼버스가 힘든 항해를 통해 신대륙을 발견한 것은 대단한 일이지만, 없는 것을 만들어 낸 것도 아니고 전쟁에서 승리한 것도 아닌데 너무 과합니다."

묵묵히 듣고 있던 콜럼버스가 자리에서 일어나 시녀에게 달걀 한 개만 갖다 달라고 부탁하였다. 달걀을 받은 콜럼버스는 대신들을 둘러보며 말하였다.

"여기 달걀이 있습니다. 누가 이 달걀을 탁자에 세워주시겠습니까?"

대신들이 어이없어 하면서도, 머뭇거리며 달걀을 세워보려고 하였다. 여러 사람이 이렇게 저렇게 해보았지만 소용이 없었다. 그때 콜럼버스가 달걀 한쪽을 탁자 모서리에 두드려 깨뜨린 뒤 탁자 위에 세웠다. 대신들이 비웃으며 말하였다.

"깨뜨려서 세운다면 누가 못 세울까?"

"그렇습니다. 그러나 여러분은 아무도 성공하지 못했습니다. 남이 한 것을 따라 하는 것은 쉽습니다. 남보다 먼저, 처음이라는 것이 어려운 일 아니겠습니까?"

콜럼버스의 말에 아무도 대꾸하지 못하였다. 그 뒤로도 콜럼버스는 네 번이나 큰 항해를 하고 1506년, 54세의 짧은 일생을 마쳤다.

신대륙 탐험은 남들이 가보지 않은 위험한 길이고 많은 사람이 반대하고 조롱하는 일이었다. 그러나 콜럼버스는 꿈이 있었기에 포기하지 않았다.

(3) 절망 속에서의 용기

펄 벅은 1892년 6월 26일 미국 웨스트버지니아주에서 태어났다. 아버지와 어머니는 선교사로, 중국에서 선교 활동을 하던 중 휴가를 받아 미국에 돌아왔을 때 펄 벅을 낳았다. 펄 벅이 생후 3개월이 되었을 때 부부는 중국으로 돌아갔고, 펄 벅은 18세 때부터 4년간 미국에서 대학을 다닌 것 외에 약 40년을 중국에서 보냈다. 펄 벅은 선교사인 아버지를 따라 중국에서 어린 시절을 보냈다.

어느 해 심한 가뭄이 들었을 때이다. 아버지가 먼 여행으로 집을 비운 사이 마을에는 백인인 펄 벅의 어머니가 신을 분노하게 만들어서 가뭄이 계속된다는 소문이 돌았다. 사람들의 불안은 점점 분노로 변해 어느 날 밤 사람들은 펄 벅의 집으로 몰려왔다.

이 소식을 들은 어머니는 집 안에 있는 찻잔을 모두 꺼내 차를 따르게 하고 케이크와 과일을 접시에 담게 하였다. 그리고 대문과 집 안의 모든 문을 활짝 열어 두고는 아이들과 함께 거실에 앉아 있었다. 마치 오늘을 준비한 것처럼 어린 펄 벅에게 장난감을 가지고 놀게 하고 어머니는 바느질감을 들었다.

잠시 뒤 거리에서 함성이 들리더니 몽둥이를 든 사람들이 열린 대문을 통해 단숨에 거실로 몰려왔다. 사람들은 굳게 잠겨 있을 것이라고 여겼던 문이 열려 있자 좀 어리둥절한 얼굴로 방 안을 들여다보았다.

그때 어머니는 "정말 잘 오셨어요. 기다리고 있었습니다. 어서 들어와서 차라도 한잔 드세요."하며 정중하게 차를 권했다. 그들은 멈칫거리다가 못 이기는 척 방으로 들어와 차를 마시고 케이크를 먹었다. 천천히 차를 마시며 그들은 구석에서 천진난만하게 놀고 있는 아이와 어머니의 얼굴을 한참 바라보다가 그냥 돌아갔다. 그리고 그날 밤 그토록 기다리던 비가 내렸다.

그녀의 유년 시절은 청조 말기에 해당하며, 제국주의 열강의 침략이 본격화된 시기였다. 때문에 그녀는 중국의 역사를 한 몸에 체험하며 자랐으며, 8세 때에는 의화단 운동이 일어나 베이징에서 백인들이 살해당하고 있을 때 이웃들이 보호해 주어 구사일생으로 살아나는 경험도 했다. 영어보다 중국어를 먼저 습득하고, 한학과 동양식 예절을 배우며 중국인 사이에서 자랐지만 그녀는 그제야 자신이 중국 아이가 아닌 이방인임을 깨달았다고 하였다.

게다가 당시 중국은 역사상 가장 혼란한 시기를 겪으며, 내란과 일본군 침략 등으로 외국인이 살기에 위험한 곳이 되어 가고 있었다. 특히 1927년 국민군이 난징을 침략했을 때 백인이었던 그녀는 목숨의 위협을 느끼면서 다시 한 번 이방인인 자신의 처지를 깨달았다. 이런 고통과 혼란을 극복하고자 그녀는 소설을 쓰기 시작하였다.

그런 한편 펄 벅은 난징 대학에서 영문학을 가르치면서 미국의 여러 잡지에 중국 문화에 대한 논문들과 중국을 배경으로 한 단편소설들을 발표하였다.

1930년, 펄 벅은 중국 빈농인 왕룽의 삶을 다룬 소설 '대지'를 출간하면서 엄청난 대중적 인기를 끌게 되었다. 인도주의적 관점에서 혼돈의 시기를 사는 중국 민중의 삶과 정서를 사실적으로 그려 낸 이 소설은 국경과 시대를 초월해 독자들에게 깊은 감동을 주었으며, 펄 벅에게 1938년 노벨 문학상을 안겼다.

훗날 어머니는 어른이 된 펄 벅 여사에게 그날 밤의 두려움을 들려주었다. 그리고는 만약 도망칠 곳이 없는 막다른 골목이 아니었다면 그런 용기가 나지 않았을 것이라고 말했다. 펄 벅은 이 체험 때문에 언제나 절망 속에서 용기를 가질 수 있었다고 고백하였다.

리더십

자기 주위에 있는 사람들에게 의도적으로, 조직적으로 좋은 영향을 주어 더 나은 삶을 누릴 수 있도록 해 주는 사람을 리더십이 있다고 한다.

나는 학생들에게 늘 리더가 되기 위해 노력을 하라고 권유하고 있다. 예를 들어, 축구를 매우 잘 하는 한 초등학생이 있다고 할 때, 그 동네에서 축구를 잘 하는 청년이 이 초등학생에게 이렇게 말했다고 하자.

"너 축구를 잘 하는데, 앞으로 축구를 계속 하면 훌륭한 축구선수가 될 거야."

그런데 우연찮게 박지성 선수가 이 초등학생을 보고,

"너 축구를 잘 하는데, 앞으로 축구를 계속 하면 훌륭한 축구선수가 될 거야."라고 말했다고 치자.

부모님이 이 말을 듣고 느껴지는 무게감은 어떠할까?

나는 강의 중 종종 이 예를 들며, 왜 리더의 위치가 중요한지 설명을 해주고 있다.

어느 부대에서 있었던 일이었다.

그 부대 사령관이 있었는데, 신앙인이었다. 어느 날 목사님에게 찾아가서 교회에 도와줄 일이 없는지 여쭈어보았다. 사실 군을 담임하는 목사는 사령관에 비해 계급이 한참 낮았다. 그럼에도 불구하고 사령관이 직접 찾아와 목사에게 도울 일을 자청하는 것도 보통 신앙인으로서는 할 수 없는 일이었다.

그런데 이 군목은 이런 요청을 하였다고 한다.

"주일 아침 일찍 오셔서 예배드리러 오는 군인들에게 주보를 좀 나누어 주시면 감사하겠습니다."

보통 신앙인이었으면 군목의 요청을 거절하고 불쾌하게 여길 수 있었으나, 이 사령관은 군목의 요구에 순종하였다고 한다. 그 후, 군 교회는 장군의 경례를 한번 받아보자는 군인들로 믿지 않는 군인까지 많은 부흥을 이루었다고 한다.

이와 같이 어느 조직의 리더는 다른 사람에게 큰 영향을 끼칠 수 있는 위치에 있다.

(1) 모세

영화 '이집트 왕자'는 모세에 대한 이야기이다. 나는 학생들의 이해를 돕기 위해 이 영화를 자주 인용한다.

모세의 출생 시기인 B.C. 1520년경은 히브리인이 모두 이집트의 노예로 있었던 시대이다. 히브리인의 반란과 예언자의 출현을 두려워한 이집트왕은 히브리 신생남아를 모두 죽이라고 명령을 내린다.

아기 모세의 어머니와 형제들은 아기를 광주리에 담아 강물에 띄워 보내고, 왕비에게 발견된 모세는 람세스와 함께 이집트 왕자로 성장한다. 후에 미리암에게 자신의 출생과 성장의 비밀을 들은 모세는 무척 괴로워한다.

그러던 어느 날 모세는 히브리 노예가 학대받는 것을 보고 실수로 이집트 감독자를 밀어 죽인다. 자신의 성장 배경과 예기치 않은 살인으로 충격을 받은 모세는 왕궁을 떠나 사막을 배회하다가 미디안 처녀 십보라가 속한 유랑민을 만난다. 그들과 함께 생활을 하면서 아름다운 십보라와 결혼하여 행복하게 살았다.

이후로 40년 동안 모세는 미디안 광야에서 철저히 낮아지는 연단의 세월을 보낸다. 호사스럽던 왕자의 자리에서 보잘 것 없는 목자의 신세로 전락한 모세는 자신의 신앙과 인격을 수양한다.

모세는 우연히 양을 찾으러 나갔다가 불붙은 떨기나무를 보고 하나님의 계시를 듣는다.

하나님: 나는 스스로 있는 자이다.(I am that I am)

모세: 저는 말이 어눌해요. 다른 사람을 보내세요.

하나님: 누가 사람에게 입을 주었느냐? 벙어리, 귀머거리, 눈 밝은 자, 소경을 만든 것은 내가 아니더냐. 어서 가라!

그 계시는 바로 이집트인의 박해로부터 히브리인을 구하라는 것이었다.

자신의 무능함을 아는 모세는 당황할 수밖에 없었다. 그러나 모세를 통한 이스라엘의 출애굽을 계획하신 하나님께서는 이적을 행함으로써 끝내 모세를 하나님의 사역자로 삼으셨다. 미디안 광야에서 양을 칠 때 쓰던 모세의 지팡이는 이제 하나님의 기석을 일으키는 능력의 도구가 되었고, 대언자인 그의 형 아론과 동행하는 모세가 가는 곳에는 늘 하나님이 함께하였다.

결국 왕궁으로 돌아와 람세스에게 히브리인의 해방을 요구하게 된다. 람세스가 이를 거절하자 열 가지 재앙이 일어나고 결국 이집트를 탈출하게 된다. 마지막 장면에서는 홍해 바다가 갈라지고 그 물이 다시 합쳐지고 출렁이는 파도와 바람의 장관을 보여주기도 한다.

믿음으로 행하는 모세의 앞에는 그 누구도 대적할 수가 없었고 결국 모세는 그의 동족 이스라엘 백성을 이끌고 출애굽을 하여 약속의 땅 가나안으로 길을 떠날 수 있었다. 하나님께서 구름기둥과 불기둥으로 동행하여 주시고, 만나와 메추라기를 줌으로써 이스라엘은 하나님의 백성으로서 누릴 자유와 행복을 꿈꾸며 여정을 계속했다. 그러나 고향으로 돌아가는 광야 길은 가도 가도 끝이 없고 수많은 고통이 다가올 뿐이었다.

이처럼 어려운 상황에 백성들은 원망을 터뜨리기 일쑤였고 그럴 때마다 모세는 생명의 위협을 느끼며 하나님께 기도하는 악순환이 되풀이되었다. 끊임없이 계속되는 백성들의 원성은 급기야 모세로 하여금 죄를 짓게 하였는데, 단 한 번의 실책은 결국 모세가 가나안 땅에 들어가지 못하게 되는 원인이 되었다.

수백만 명의 동족을 이끌고 40년간 광야 길을 헤쳐 나가 가나안에 거의 다다르게 된 모세는 결국 자신의 후계자로 여호수아에게 안수하고 소망의 땅을 바라보며 죽고 말았다. 하나님의 초자연적인 현상을 목격한 자요, 하나님의 율법을 받고 성막을 지었으며 다섯 권의 성경을 기록한 위대한 인물 모세는 자신의 부족함을 아는 겸손한 자였기에 하나님께 높임을 받았다.

불순종하는 백성과 하나님의 진노 사이에서 외로운 중보자가 되어 자신의 생명을 걸고 충성과 온유와 인내로써 하나님의 사역을 감당한 모세는 자신을 낮추고 하나님의 영광만을 위해 충성하였기에 하나님의 크고 놀라운 역사를 이루었던 것이다.

모세의 지팡이는 양치는 데 쓰이는 보잘 것 없는 물건이었지만, 하나님이 그 지팡이를 쓰고자 할 때는 홍해를 가르는 기적을 이루었다.

나는 강의 마지막에 학생들에게 꼭 이 질문(출애굽기 4장 2절)을 한다.

"네 손에 든 것이 무엇이냐?(What is that in your hand?)"

(2) 난세의 영웅

2014년 개봉된 영화 '명량'은 충무공 이순신 장군이 빛나는 승리를 다룬 영화였다.

1593년 8월 이순신은 종2품 3도 수군통제사에 올랐다. 하지만 그가 승진하고, 백성들의 신망을 얻게 되자 그를 견제하려는 자들도 늘어났다. 특히 수도와 백성을 버리고 의주까지 도망친 선조는 이순신을 견제하고 두려워하였다. 1597년 2월 임진왜란이 종결되자, 선조는 그에게 파직을 명하였고, 그를 감옥에 가두기도 하였다.

하지만 임진왜란 정전회담이 결렬되자, 일본이 1597년 7월 다시 조선에 쳐들어오는 정유재란이 벌어졌다. 7월 4일 칠천량 해전에서 삼도수군통제사 원균이 지휘하던 조선수군은 일본군에게 대패를 당하였다. 거북선 3척 등 판옥선 110여 척이 침몰되었고, 조선 수군 1만여 명이 궤멸되고 말았다. 그러자 조선에서는 어쩔 수 없이 이순신을 삼도수군통제사에 복직시켰다. 조선 수군을 궤멸시킨 일본군은 바다를 통해 전라도를 지나 서해안으로 진출하고자 하였다. 칠천량의 패전 손실이 커 선조는 수군을 폐지하려고 하였다. 이때 이순신은 선조에게 다음과 같이 수군폐지불가론을 주장하였다.

"지금 신에게는 아직도 전선 12척이 남아 있나이다. 죽을힘을 다하여 막아 싸운다면 능히 대적할 수 있사옵니다. 비록 전선의 수는 적지만 신이 죽지 않은 한 적은 감히 우리를 업신여기지 못할 것입니다."

그 후 명량해전에 앞서 장병에게 필승의 신념을 일깨운 다음, 12척의 전선과 빈약한 병력(120명)을 거느리고 명량에서 330척의 적군과 대결하여 31척을 부수는 큰 전과를 올렸다. 이 싸움은 재차 통제사로 부임한 뒤의 최초의 대첩이며 수군을 재기시키는 데 결정적인 구실을 한 싸움이었다. 그리고 전쟁의 판세를 뒤집는 결정적 싸움이었다.

이순신의 삶은 그리 순탄한 것은 아니었다. 그가 아부할 줄 모르는 올곧은 성격 때문에 비롯되었다. 그는 자신의 책임을 다하고자 평온할 때에도 위기에 대비했다. 그러나 준비된 인재는 때를 만나면 자신의 능력을 십분 발휘하기 마련이다.

1592년 4월 13일 일본군의 선봉이 부산에 상륙해 파죽지세로 조선을 유린하기 시작하였다. 일본군의 침략에 대비하지 못한 조선군은 연전연패했고, 5월 1일에는 수도마저 함락되고 말았다. 모두들 당황하고 두려워했지만, 준비된 이순신의 전라좌수군은 달랐다. 비록 전라좌수군이 가진 전선이 24척에 불과해, 500척의 일본군에 비해 열세에 있었지만, 이순신은 철저히 적을 탐색하고 그들을 상대로 승리할 수 있는 방법을 찾아냈다.

1592년 5월 7일 옥포 앞바다에서 이순신의 함대는 일본 수군과 처음 만나 최초의 해전을 펼쳤다. 이순신은 부하들에게 가볍게 움직이지 말고 신중한 태도를 취하라고 명을 내릴 만큼, 조심스럽게 대응하였다. 서로를 알지 못한 상태에서 벌인 첫 전투에서 조총을 쏘며 공격하는 일본군을 상대로, 총통과 활을 쏘며 적을 포위한 조선수군의 대결은 순식간에 결판이 났다. 선봉에 나선 일본 수군 6척을 격파한 조선군은 곧장 적의 본진을 향해 돌진해 적을 격파했다. 첫 번째 해전에서 적선 26척을 격파한 이순신은 부하 장수들의 전과를 매우 자세하게 보고했다. 이순신은 부하들의 전공을 철저하게 보고하고 그들에게 공을 돌렸다.

1차 출전에서 옥포 해전, 합포해전, 적진포해전에서 거듭 승리를 한 이순신은 5월 29일 2차 출전에서 사천해전에서 처음 거북선을 실전에서 사용하며, 당포해전, 당항포해전, 율포해전 등에서 거듭 승리하였다. 이렇게 되자 조선군을 얕잡아 보던 일본에서도 조선 수군을 얕잡아볼 수 없게 되었다. 마침내 3차 출전을 한 조선군과 일본군이 7월 8일 한산도 앞바다에서 격돌하였다. 일본 수군은 73척에 달했고, 조선 수군은 59척이었다. 한산도해전은 조선과 일본 수군의 운명을 가를 큰 전투였다.

이 전투에서 이순신은 판옥선 5척을 보냈다가 도주하는 척 하면서 적을 유인하기 시작하였다. 일본 함대는 한산도 앞 넓은 바다까지 추격해 나왔다. 유인작전에 성공한 이순신은 학익진 전술(학이 날개를 펼친 듯한 진)을 통해 적 함대를 포위하며 일제히 총 공격을 하였다. 이전까지 화포를 사용한 해전에서 사용한 전술은 상대방 군함과 일대일로 포격전을 벌이는 것에 불과했다. 하지만 학익진 전법은 상대방 군함을 향해 화력을 집중 발사하는 세계 최초의 본격적인 함대 포격전이었다.

이 해전에서 조선군은 지자, 현자, 승자총통을 쏘아 적선 35척을 비롯해 59척을 격파했다. 일본군은 대장선 1척을 포함해 중선과 소선 등 14척만이 겨우 도주할 수 있었다. 만약 이 전투에서 조선수군이 패했다면, 조선은 멸망의 위기에 처했을 것이다.

이순신이 다른 장군들과 다른 점의 하나는 전공에 연연해하기 보다는 부하들의 생명을 더 소중히 여겼다는 점이다. 이길 수 있는 싸움을 하고, 지는 싸움을 피하였다. 부하들이 무모하게 목숨을 잃지 않도록 이순신은 아군의 장점과 적의 단점을 파악한 후 전투에 임하였다. 전투에 임할 때 대단히 신중하고 조심하였다. 따라서 지형지물을 이용해 적선을 공격하기 좋은 조건들을 찾았고, 적정한 거리를 두고 적선을 향해 함포 공격을 가해 적선을 격퇴시켰다. 또, 육박전에 능하지 못한 조선 수군을 보내 무리하게 적을 뒤쫓지 못하게 하였다. 승리도 중요하지만, 무엇보다 자신의 부하들이 헛되게 죽지 않게 하려고 했던 것이다.

 이순신은 일본군과 23차례 싸워 모두 승리하였다. 그 가운데 한산대첩과 명량해전은 가장 빛나는 승리였다. 특히 명량해전은 오직 이순신이었기에 가능한 승리였다고 할 수 있다.

 명량해전은 이순신의 뛰어난 정보력과 전술, 그리고 판옥선과 화포의 장점을 가장 잘 활용한 해전이었다. 특히 좁은 해협을 장악해 적함대의 선두와 싸워 수적 열세를 극복하고, 함포 사격을 통해 근접전의 약점을 피하고, 해류의 흐름을 이용해 적선을 포구에 갇히게 만들었다. 그리고 밀집된 적선에게 화공을 실시하였다. 결국 일본의 함선은 불에 타고 부서져 침몰하였다. 이 전투에서 일본군은 30여 척이 격침되었고, 더 이상 서해안으로 진출할 수 없게 되었다.

 광화문 광장에 우뚝 서 있는 충무공 이순신 장군의 동상은 그가 대한민국에서 차지하는 위상을 말해 주고 있다. 이순신은 한국 역사상 가장 뛰어난 명장으로 칭송받고 있다.

정체성

정체성은 어떤 존재가 본질적으로 가지고 있는 특성으로, 자신의 정체가 무엇인지를 깨닫는 것이다. 이것은 '나는 누구인가?'에 대한 물음과 관련이 있다.

특히, 그리스도인으로서 가져야 할 신앙적 정체성은 '나는 하나님의 사람'이라는 인식이다. 어떤 상황 속에서도 자신이 하나님의 사람인 것을 인식하고 거룩하게 구별된 삶을 살아가는 것이다. 일본의 식민 시절에도, 바벨론 포로 시절에도 그들의 요구는 정체성을 없애는 정책을 실시하였다. 이번 시간에는 신앙의 정체성을 포기하지 않은 사람을 살펴보기로 하자.

(1) 주기철 목사

주기철 목사는 1921년 평양의 장로회신학교에 입학, 1926년 졸업하였다. 그가 평양의 산정현교회에 부임한 것은 1936년 여름이었다. 그는 도착하자 곧 교회당 건축에 착수하여 1938년 3월 헌당식을 가졌다. 그러나 신사참배 반대로 헌당식 직전에 경찰에 구속되었다.

일제의 신사참배 강요는 그가 평양에 부임하기 1년 전부터 평양교회와 신학교를 괴롭혔고, 결국 평양의 숭실학교나 평양신학교는 1938년에 각각 폐쇄되었다.

신사참배에 대한 강한 반대 입장을 표명한 그는 1940년 2월에 석방되어 평양으로 돌아온 뒤, 산정현교회에서 '다섯 종목의 나의 기도'를 최후 말씀으로 교인들에게 전하였다.

이 설교 사건으로 경찰이 이틀 후에 그를 검거하였고, 산정현교회도 동시에 폐쇄되었다. 감옥에서 5년간 고생하다가 1944년 4월 21일 감옥에서 순교하였다.

그의 마지막 설교에 대한 내용의 일부이다.

"오 주여! 이 목숨을 아끼어 주님을 욕되게 마옵소서. 주님은 영원토록 찬양 받으실 영광의 하나님이십니다. 주님은 나를 위하여 십자가에 달리셨습니다. 머리에 가시관을 쓰시고 두 손과 발이 쇠못에 찢어져 최후의 피 한 방울까지 다 쏟으셨습니다. 주님 나를 위하여 죽으셨거늘 내 어찌 죽음을 무서워하겠습니까?"

"사망아, 너의 이기는 것이 어디 있느냐? 사망아, 너의 쏘는 것이 어디 있느냐?"

"나는 부활하신 예수를 믿고 나도 부활하리로다!"

세상적으로 보았을 때 주기철 목사의 순교는 그냥 신사참배를 반대하다가 죽은 실패한 목사로 보일 것이다. 그러나 하나님께서는 이러한 신앙의 정체성을 지키기 위해 순교하신 주기철 목사를 통해 하나님의 위대한 꿈을 이루고자 하셨다.

서울 광진구 광나루역 부근에 있는 장로회신학대에 주기철 목사의 기념비와 기념관이 있다. 많은 후배 목회자들이 이 기념비와 기념관을 보며 주기철 목사의 신앙관을 표본삼아 목회 활동을 하고 싶어 한다는 것이 증명을 해 주고 있다.

(2) 다니엘

느부갓네살 왕(B.C. 605~B.C. 562)의 통치하던 시기는 바벨론의 황금시대였다. 그는 시리아와 팔레스틴을 정복하고 예루살렘을 파괴하였으며, 유대인 포로들을 바벨론으로 끌고 갔다. 당시 바벨론은 세계 상업의 중심도시로서 성장, 유래 없는 번영을 누렸다.

바벨론은 자신들이 정복한 각 나라의 왕족들과 귀족들의 자녀들을 바벨론의 신하로 만들어 버리는 정책을 취하였다. 바벨론 제국에서는 이들에게 완전한 바벨론 사상을 심어주기 위해서 이름부터 바벨론 식으로 바꾸었다. '하나님은 나의 심판자'라는 뜻의 다니엘은 '바알이여, 그의 생명을 보존하소서.'라는 벨드사살로 바뀌었다. 쉽게 말해 '다해줄 테니 정체성만 바꿔라.'라는 의미였던 것이다.

다니엘은 먼저 전쟁이 일어나서 포로가 된 모든 환경이 하나님의 계획 안에 있음을 받아들였다. 하나님은 나의 심판자라는 이름에 걸맞게 다니엘은 모든 것을 공평하고 정의롭게 심판하시는 하나님을 믿고 신뢰하였다.

다니엘은 왕이 정해 준 음식이나 왕이 마신 포도주로 자기를 더럽히지 아니하기로 마음속에 작정하였다. 왜냐하면 왕이 정해준 음식은 하나님의 율법을 거스르는 것이었기 때문이다. 왕이 정해준 음식을 거절하기로 작정한 것은 자칫 생명을 잃을 수도 있는 일이었다. 즉, 죽음을 무릅쓰고서라도 그의 정체성을 잃지 않기 위해 노력하였다.

다니엘의 이러한 모습을 보고 하나님께서는 다니엘을 인도하셔서 내시들의 통치자에게 은총과 친절한 사랑을 받게 하셨다. 결국 왕의 음식이 아닌 채식을 먹고 물을 마시게 되었으나 열흘 후에 다른 소년보다 그의 얼굴이 더욱 아름답고 윤택하였다.

하나님의 뜻을 따르기로 작정했던 다니엘에게 하나님께서는 놀라운 지혜와 명철로 보상하셨다. 다니엘은 비록 포로로 잡혀가 바벨론의 신하가 될 수밖에 없었지만 하나님께서는 지식, 꿈 해몽 능력을 통해 다니엘을 높여주셨다. 또, 사자굴에 들어갈 것을 알면서도 하나님을 믿는 믿음을 저버리지 않았다. 하나님은 이런 다니엘에게 다른 관료들보다 지혜롭게 업무를 처리하도록 하게 하였다. 그리고 바벨론 왕조 두 임금(느부갓네살, 벨사살), 메데의 다리오 왕조를 섬기는 장수 관리가 되도록 은혜를 베풀었다.

(3) 욥

욥은 동방 사람 중에서 가장 많은 자손과 소유물을 가지고 있었다. 그러나 사탄은 사람과 자연을 이용하여 자녀, 양, 낙타 등 동시 다발적으로 공격하여 욥의 소유물을 모두 잃게 만들었다. 모든 것을 잃었을 때 욥은 욥기 1장 21절에서 "주신 이도 여호와시요 거두신 이도 여호와시오니 여호와의 이름이 찬송을 받으실지니이다."라고 고백하며 범죄 하지 않고 하나님을 원망하지 않았다.

하지만 그 영혼을 짓누르는 아픔 속에 하나님께서 왜 내 영혼과 육신에 이와 같은 아픔을 강요하시는 것일까? 한순간도 견뎌내기 힘든 아픔 속에서 하나님을 향해 욥기 7장 11절에 "그런즉 내가 내 입을 금하지 아니하고 내 영혼의 아픔 때문에 말하며 내 마음의 괴로움 때문에 불평하리이다."라고 그 속에 있는 불평과 원망을 쏟아 놓았다.

내게 고난을 주시고 있는 하나님, 도저히 견뎌낼 수도 없고 이유도 알 수 없는 고난을 극단적으로 밀어붙이시는 하나님, 그 앞에 도저히 견딜 수 없는 영혼의 고통을 토로한 것이다.

자기의 처지를 이해하지 못하고 도리어 자기도 알지 못하는 자기의 죄를 돌이키라고 다그치는 친구들, 도움과 위로가 되기보다는 정죄의 칼날을 들이미는 친구들은 마음의 고통만을 더할 뿐이고 어디에서도 하나님의 음성은 들려오지 않는 것처럼 보였다.

욥은 결국 그 고통의 극단에서 하나님을 만났다. 하나님을 만나서 하나님을 보고 그는 고백하였다.

"내가 주께 대하여 귀로 듣기만 하였사오나 이제는 눈으로 주를 뵈옵나이다."

"그러므로 내가 스스로 거두어들이고 티끌과 재 가운데에서 회개하나이다."

욥은 모든 소유가 하나님의 것이며, 인간의 생사화복(生死禍福)도 하나님께서 주관하신다는 사실을 인정하였다. 또한, 하나님에 대한 원망이 극대화될 수 있는 상황이었음에도, 그는 하나님을 원망하는 어리석음을 범하지 않고 신앙의 정체성을 지켰다.

(4) 그리스도에 대한 헌신

헌신이란, 어떤 일이나 남을 위해서 자신의 이해관계를 생각하지 않고 몸과 마음을 바쳐 있는 힘을 다함을 말한다.

한 대학생이 목사님에게 찾아와서 예수님께 헌신한다는 뜻을 설명해 달라고 하였다. 목사님은 생각 끝에 백지 한 장을 가져오게 해서 그 대학생에게 내밀면서 "백지위임장"이라고 쓴 후 주소와 성명과 날짜를 쓰고 지장을 누르게 하였다. 그리고 주님이 그 백지위임장에 무슨 말이나 쓸 수 있도록 위임하는 것이 곧 헌신이라고 말했다.

"너는 마음을 다하고 성품을 다하고 힘을 다하여 네 하나님 여호와를 사랑

하라." (신 6:5)

파울 슈나이더(1897~1939)는 기도하는 목회자였다. 그는 히틀러가 정권을 장악한지 1년 뒤인 1934년 훈스뤼크 지역 딕컨쉬드에 새로 부임한 교회에서 처음으로 국가와 충돌하게 되었다. 파울 슈나이더 목사가 히틀러 동맹의 한 소년의 장례식을 인도하게 되었는데, 장례식 설교가 끝난 다음 그지역의 대표자가 소년의 무덤 옆으로 와서 '이제 이 소년은 하늘나라 히틀러 특공대에 속하게 되었다.'라고 선언하였다. 이때 파울 슈나이더 목사는이렇게 반박하였다.

"이것은 교회의 장례식입니다. 하늘에는 히틀러 특공대가 없습니다."

그 이후 몇 년 동안 파울 슈나이더는 설교를 통해 히틀러를 지지하는 '민족사회주의적 독일 그리스도인들'을 배격하였다. 이로 인하여 그는 마침내 '민족사회주의 국가에 대항하는 선동자'라는 죄명으로 지역과 교회에서 추방당하였다. 그럼에도 불구하고 1937년 가을, 그는 추수감사절 예배를 드리기 위하여 그의 부인과 함께 교회로 돌아왔다. 그는 자기가 받은 설교자로서의 소명은 하나님의 명령이요 독일 국가의 추방명령보다 하나님의 명령에 더 복종해야 한다고 확신하였다. 결국 그는 체포되었고 비밀경찰에 이송되었으며, 추방명령을 끝까지 부인한 결과 강제수용소에 넘겨졌다. 그는 히틀러 정권을 인정하기만 하면 자유의 몸이 될 수 있었다. 그러나 그것은 교회의 목사로써 하나님의 사명을 배반하는 일이었기에 타협하지 않았다.

1938년 4월 부헌발트 수용소의 모든 포로들은 매일 아침 나치스 휘장에 경례해야 한다는 명령을 받았다. 파울 슈나이더는 이 경례를 '우상숭배'라고 거부하였다. 이 때문에 그는 잔인한 고문을 받았고, 수용소와 죽음의 감방인 토치카에 갇혀야 했다. 그는 감방 창문에서 수용소 연병장에 있는 포로들에게 하나님의 말씀을 전하며 생존의 용기를 불어넣어 주었다. 그는 비밀경찰 살해자들의 이름을 하나하나씩 부르면서 하나님 앞에서 그들을 고발하였다. 이 고발의 소리는 점점 더 짧아졌다. 감방 수위들이 그를 짓밟고 입을 다물게 하였기 때문이었다. 13개월 동안 그는 끝없는 고통을 당하였다. 1939년 7월 14일 그는 주사로 살해되었다.

파울 슈나이더는 견고한 신앙, 그리고 확고한 하늘나라에 대한 소망을 가지고 있었으며, 수용소에서 고난 받는 형제에 대한 뜨거운 사랑 때문에 순교를 당하였다. 이러한 그의 견고한 믿음과 확고한 소망, 그리고 뜨거운 사랑의 원천은 그의 기도에서 나왔으며, 복음 증거를 위한 하나님의 소명, 딕컨쉬드 교회를 위한 하나님의 부르심에서 나온 것이었다. 그는 이 확신을 버리기보다 차라리 죽을 각오가 되어 있었다. 분명히 그는 고문의 고통속에서 이 확신을 얻었다. 그는 수용소에서 짓밟혀 죽어갔지만 그늘진 수용소에 빛으로 살았다. 파울 슈나이더 목사는 수용소에서 짓밟혀 죽어가는 고난 속에서 감춰진 십자가의 영광을 본 것이었다.

우리가 신앙의 정체성을 지켜야 하는 이유는 신앙의 정체성을 지키고 순교한 삶은 아무 영향력이 없는 것 같지만, 이들의 삶은 후대에 하나님의 위대한 역사에 귀하게 쓰임을 받는 도구로 쓰이기 때문이다.

가치관

가치관이란 인간이 자기를 포함한 세계나 그 속의 어떤 대상에 대하여 가지는 평가의 근본적 태도나 관점을 말한다. 즉, 가치관이란 쉽게 말하여 옳은 것, 바람직한 것, 해야 할 것 또는 하지 말아야 할 것 등에 관한 일반적인 생각을 말한다. 따라서 청소년기의 가치관 정립은 매우 중요하다.

(1) 윤동주

나는 이 가치관과 관련된 강의를 시작할 때 항상 등장시키는 인물이 있다. 시인 윤동주이다.

윤동주는 1917년 일제강점기, 만주 북간도의 명동촌에서 태어나서 1945년 세상을 떠난 짧게 살다간 젊은 시인이었다. 기독교인인 할아버지의 영향을 많이 받았고, 1941년 연희전문학교를 졸업하고 일본으로 건너가 도쿄에 있는 릿쿄대학 영문과에 입학하였다가 다시 도시샤대학으로 옮겼다. 학업 도중 귀향하려던 시점(1943년)에 항일운동을 하였다는 혐의로 일본 경찰에 체포되었고 2년형을 선고받아 후쿠오카형무소에 복역하게 되었다. 그러나 복역 중 건강이 악화되어 1945년 생을 마치고 말았다. 윤동주는 비록 짧은 삶을 살았지만 하나님 중심의 가치관을 가지고 살려고 무척 노력했던 시인이다. 그의 시 중 '서시'는 그의 가치관을 분명하게 드러내는 작품이다.

서시

죽는 날까지 하늘을 우러러

한 점 부끄럼이 없기를

잎새에 이는 바람에도

나는 괴로와했다

별을 노래하는 마음으로

모든 죽어가는 것을 사랑해야지

그리고 나한테 주어진 길을

걸어가야겠다

오늘 밤에도 별이 바람에 스치운다

윤동주의 시 세계에는 저항의식, 종교의식이 담겨 있다. 저항의식은 독립과 관련한 것이고, 종교의식은 기독교에 관한 것이다.

윤동주는 하나님 앞에서 한점 부끄러움 없는 삶을 살기를 소망했던 사람이었다. '잎새에 이는 바람' 즉, 바람은 죄로 해석해 보면, 작은 죄에 대해서도 민감했던 시인의 양심을 엿볼 수 있다.

'별을 노래하는 마음으로 모든 죽어가는 것을 사랑해야지.'

별은 대개 이상의 세계를 상징하며, 천국으로 해석할 수 있다. 따라서 별을 노래하는 마음이란, 천국을 노래하는 마음이다. 하나님의 나라를 노래하는 마음인 것이다.

예수 그리스도께서 "네 이웃을 네 몸과 같이 사랑하라"라고 말씀하셨다. 그는 이 말씀을 근거로, 예수 그리스도께서 모든 죽어가는 것을 사랑하사 십자가에 못 박혀 돌아가신 것처럼, 모든 것을 사랑하기로 마음을 먹은 것이다. 윤동주의 종교의식이 가장 두드러지게 나타나는 부분이 바로 이 부분이다.

보통 사람들을 나눌 때 소유형 인간과 존재형 인간으로 나눌 수 있다. 소유형 인간은 돈, 명예, 권력, 지위, 내가 가지고자 하는 것에 관심을 가지지만, 존재형 인간은 신앙인으로 나, 자녀로서 나, 국민으로서 나, 사람의 도리 등에 가치를 두고 산다. 윤동주는 신앙인으로서 하나님 앞에 바로 살기 위해 몸부림쳤던 시인이다. 이러한 사람이 성경에 또 있다. 사도 바울이다. 그도 하나님 앞에 바로 살기 위해 몸부림쳤던 분이었지만, "오호라 나는 죄인이다."라고 고백을 했던 것을 볼 수 있다. 그래서 글로벌선진학교에서 공부를 하는 학생들에게 소유형 인간으로서 가치관보다는 존재형 인간으로서 가치관을 가지고 살아가기를 늘 당부한다. 사실 그렇게 말은 쉽게 하지만 나를 포함한 대부분의 사람이 소유형 인간으로서의 가치관에서 자유로울 수 없다. 따라서 자기 존재에 대해 늘 되묻고, 자신을 되돌아보아야 한다.

(2) 이회영과 이완용

청일전쟁과 러일전쟁에서 승리한 일본은 1905년 11월 17일 한국과 일본의 보호 조약을 강제로 맺었다. 가장 슬픈 역사 중 하나인 을사늑약의 내용은 황실의 안녕 보장, 외교권 이양, 한국의 정치나 군사의 모든 일을 통솔하고 감독한다는 것이었다. 이 조약을 통해 미국, 영국 등 제국 열강과 밀약을 맺고, 식민지화를 위한 포석을 마련하였던 것이다.

고종과 대신들은 조약 체결을 끝까지 거부하였지만, 이후 국내로 들어온 이토 히로부미는 무장한 일본군을 주둔시키는 등 압박을 가해 조약 체결을 강행하려고 했다. 이토 히로부미는 고종을 제외하고 각부 대표 대신을 불러 모아 찬성한 이들과 함께 을사늑약을 체결하였다. 찬성한 이는 권중현, 박제순, 이근택, 이완용, 이지용이었다. 훗날 이들은 나라를 팔아먹은 원흉 을사오적으로 역사에 기록되었다. 고종의 서명도, 제목도 없었던 을사늑약 문서로 인해, 전국 곳곳에서 이 조약의 무효화를 주장하는 항일 투쟁이 일어났다. 각고의 노력에도 결국 일본에게 외교권을 박탈당하였고, 이후 서울에는 통감부가 설치되고, 이토 히로부미는 초대 통감으로 부임하였다. 그렇게 우리나라의 아픈 역사는 시작되었다.

을사오적 중 하나인 이완용은 일본의 강제 조약에 가장 적극적으로 나섰던 사람이다. 결국 1910년 8월 29일, 한일병합조약 강제 체결로 대한제국은 국권을 상실하게 되었다. 이를 경술국치라고 한다.

이때 우당 이회영은 "왜놈의 노예가 되어 살 수 없다."며 모든 재산을 팔고 만주로 떠나 나라 독립을 위해 싸우기로 결심을 하였다. 이것이 나라의 백성으로서, 또 자신의 선조이며 임진왜란 당시 왜적과 싸운 백사 이항복의 후손으로서 도리라고 생각하였다. 사실 이회영 가문은 대대로 내려온 정통 명문 가문이었으며, 조선의 3대 부자였다. 형제(이건영, 이석영, 이철영, 이시영, 이호영)들도 뜻을 같이 하여 재산 정리(당시 돈으로 600억 원의 거액의 돈)를 한 후, 50여 명의 가족은 모두 독립 운동에 투신하였다.

국난의 시기에 개인의 출세와 안위를 좇았던 이완용과 노블레스 오블리주(Noblesse Oblige, 사회 지도층에게 사회에 대한 책임이나 국민의 의무를 모범적으로 실천하는 높은 도덕성을 요구하는 용어)를 실천한 이회영은 서로 상반된 선택을 하였던 것이다.

망국의 시기, 동시대에 살았던 이완용과 이회영, 과연 인생에서 가치 있는 선택이란 무엇일까?

이완용은 "나는 내 나라를 팔아먹은 것이 아니라, 대세에 순응한 것뿐이다."라고 주장을 하였다. 이완용은 몰락한 가문에서 태어나 10세에 양자로 입양되어 25세에 과거에 급제하여 벼슬길에 오르게 되었다. 처음에는 친미파로 정치를 하던 그는 일본이 패권을 잡자 친일파로 노선을 바꾸어 을사늑약(1905년)과 경술국치(1910년)를 체결하였다. 이 친일 행위로 일본으로부터 귀족의 작위를 받고, 막대한 부를 누렸다.

한편, 고종의 신임을 받았던 이회영은 을사늑약 이후, 고종에게 제2회 만국평화회의(1907년)에 헤이그 밀사 파견을 해 세계열강에 일제에 의해 강제 체결된 을사늑약의 불법성을 폭로하고 주권을 회복해야 한다고 주장하였다. 이 주장이 받아들여져 이준과 이상설을 특사로 파견하였다. 그리고 경술국치 이후 만주로 이동하여 100여 명의 독립군을 배출하였던 신흥무관학교를 설립하였다. 그리고 이회영과 다섯 명의 형제들은 독립에 앞장을 섰다.

이완용은 일본을 배경으로 귀족의 삶을 누리며 살았고, 소유형 인간의 가치관을 가진 대표적인 사람이 되었다. 이회영은 모든 재산을 독립운동에 사용하고 굶기를 밥 먹듯이 하며 어렵게 살다가 일본군의 고문으로 순국하였다.

명문가의 자제로 국난의 시대를 살았던 이회영과 이완용의 삶과 죽음은 극과 극이었다. 이완용은 1926년 폐렴으로 죽고, 장례식을 화려하게 치렀지만 이후 무덤이 훼손되는 사건이 자주 발생 하였다. 이후 1979년 직계 후손이 무덤을 없앴고, 후손들은 일본이나 캐나다로 흩어졌다. 1945년 8월 15일 조국이 광복을 맞았을 때 만주로 떠났던 이회영 가문의 형제 중 살아서 돌아온 이는 이시영뿐이었다. 그는 독립 투쟁에 평생을 바치고, 후에 해방된 조국에서 대한민국 초대 부통령이 되었다.

노블레스 오블리주는 높은 사회적 신분에 상응하는 도덕적 의무를 뜻하는 말이다. 초기 로마시대에 왕과 귀족들이 보여 준 투철한 도덕의식과 솔선수범하는 공공정신에서 비롯되었다.

우리 선조 중에도 노블레스 오블리주 정신을 실천한 사람이 있다는 사실이 자랑스럽다. 국민이면 국민으로서의 나, 즉 존재형 인간으로서 바른 가치관을 가지고 살아가기를 바라는 마음으로 이회영의 가문을 자주 소개하곤 한다.

(3) 마펫 선교사

마펫 선교사(1864~1939)는 일제강점기 시대에 한국에서 활동했던 미국 선교사이다. 그는 3·1운동을 가장 먼저 시작하고 이후의 독립운동을 이끌어갔던 독립 운동가들을 키워냈으며, 한국의 독립운동을 적극적으로 도왔던 인물이다.

1919년 3월 22일. 전국적으로 일어난 3·1만세 운동에 놀란 조선총독부는 급히 한국에 있던 선교사들을 조선호텔로 불러들여 긴급 간담회를 열었다. 당시 일제는 조선인들이 3·1만세운동과 같은 수준 높은 평화적 시위를 할 능력이 없으며, 따라서 배후에서 선교사들이 사주했다고 우기면서 강력하게 경고를 할 참이었다. 그런데 회의를 시작하자마자 마펫 선교사가 목소리를 높여 항의하여 총독부 요인들을 당황하게 만들기도 하였다. 그는 신실한 청교도의 후손이었으며, 탁월한 통찰력과 개척정신이 강한 인물이었다.

그는 자신의 믿음을 행동으로 실천하였다. 그는 46년간 직간접적으로 숭실전문대, 숭의여고, 숭실중학교 등을 비롯한 300여 개의 학교를 세웠다. 또, 평양에서 22명의 전도사들에게 성경을 가르친 것이 현재 장로회신학대 전신인 조선예수장로회 신학교가 되었다. 나라를 잃고 의지할 데 없는 조선의 청년들을 단순히 구제를 하는 수준을 넘어 수준 높은 지식교육과 전인교육을 실시하였다. 그 과정을 통해 윤동주, 조만식 등 북한지역을 기반으로 하는 수많은 기독애국 청년들이 성장하였고, 이들을 중심으로 안창호, 김구 등 독립지사들이 평안도를 기반으로 활발한 독립운동을 펼칠 수 있는 장을 제공하였다.

그리고 33인의 민족대표 중 5명(길선주, 이승훈, 유여대, 양전백, 김병조)이 마펫 선교사의 제자였다.

일제강점기 말기에는 일본의 집요한 신사참배 요구를 끝까지 거부하여 자신의 신앙을 지켜나갔다. 일제의 암살 시도를 피해 잠시 미국으로 피난을 갔을 때, 가진 모든 것을 한국에 쏟은 그에게는, 가진 것은 아무 것도 없었다.

마지막 숨을 다할 때까지, 그는 한국인의 영혼과 한국의 독립을 위해 기도했다. 46년간의 뜨겁고도 간절했던 아버지 마포삼열의 한국사랑은 아들들에게 이어져갔다. 특별히 그의 넷째아들이었던 하워드 마펫은 46년간, 미군 막사에서 시작한 작은 병원을 경북지역 최고 수준의 의료기관인 동산병원과 계명대학교 의과대학병원으로 성장시켰다.

또한, 어린 시절 대구에서 성장하며 한국인 전쟁고아들과 함께 성장한 하워드 마펫의 둘째 아들 찰스 마펫은 세 명의 한국 고아를 입양하여 훌륭하게 키워냈다. 할아버지에서 아버지에게로 이어진 한국 사랑이 3대에 걸쳐 이어지고 있는 것이다.

마펫 선교사는 신앙인으로서 조선의 기독교 전파에 온 힘을 기울였으며, 약한 자를 긍휼히 여기는 기독교 가치관을 몸소 실천함으로써 보여주었다. 또, 수준 높은 교육 시설 확충을 통해 많은 독립애국지사 인재들을 길러내는 데 큰 역할을 하였다. 그리고 일본의 불의를 세계에 호소하였으며, 조선의 독립을 가장 바랐던 이방인이었다.

앞에서 팔복 중 화평을 다룰 때 "불의한 것이 분명할 때는 검을 들고 그 불의와 맞서서 용기 있게 싸워나가야 한다."라고 다루었다. 마펫 선교사는 일본이라는 강한 나라가 당시에 약한 조선인들에 대한 악한 행동에 대해 약자의 편에 서서 자기 뜻을 굽히지 않고 조선의 처지를 이해하고 대변해 주었다.

어쩌면 일본에서 앗수르 제국(B.C. 3000~B.C. 612, 수도는 니느웨이며, 끝없는 탐욕으로 전쟁을 벌이며 힘없는 나라와 민족을 짓밟고 유린하던 제국임)의 교만을 보았으며, 언젠가 멸망할 것이라는 확신이 있었는지도 모르겠다. 강한 자에 의한 약한 자의 괴롭힘을 그냥 두고 볼 수 없었던 성격, 신앙적 가치관을 가지고 조선의 독립을 지지했던 마펫 선교사를 GVCS 학생들이 기억했으면 좋

겠다. 그리고 그가 죽은 지 6년 후 1945년 우리나라는 해방의 기쁨을 맛
보았다.

맺는 말

"인생에서 의미를 발견한 사람은 어떤 힘든 일들도 이겨낼 수 있다."
오스트리아의 정신의학자인 빅터 프랭클의 말이다.

청소년기에는 어렵고 힘든 상황이 있다. 주변에 나를 도와줄 사람이 아무도 없고, 나를 힘들게 하는 사람들과 상황만 있다고 불만이 가득할 수도 있다. 나는 상황을 바꿀 힘이 하나도 없는 무기력한 존재이고, 아무런 능력이나 가능성도 없는 무가치한 존재라고 느낄지도 모른다.

그러나 나는 세상에서 유일한 사람이다. 매우 가치 있는 존재이다. 따라서 내가 이 세상에 태어난 데에는 어떠한 이유와 의미가 있다. 청소년기에는 삶의 이유와 의미를 찾는 노력이 반드시 필요하다.

19세에 잡지에 실린 아프리카 흑인들의 사진을 보고 자신의 평생을 바쳐야겠다고 다짐을 했던 슈바이처 박사는 다음과 같은 말을 했다.

"가장 중요한 것은 나의 내부에 빛이 꺼지지 않도록 노력하는 것이다. 안에 빛이 있으면 스스로 밖이 빛나는 법이다."

밖이 어두워 아무것도 보이지 않을 때, 아무도 빛을 비추어주지 않는 어둠의 시간이 길어질 때에도 여러분의 마음속에 희망의 불씨가 꺼지지 않게 스스로의 다짐으로 지켜나가는 것이 중요하다.

그러기 위해서는 좋은 멘토를 만나 세계에 대한 비전과 꿈을 꾸고, 그 꿈을 이루기 위해 노력해야 한다. 그 멘토가 내 주변의 사람이 될 수도 있고, 교사가 될 수도 있고, 훌륭한 선배들이 될 수도 있다. 자기에 맞는 롤모델을 만나 훌륭한 리더로 성장을 했으면 한다.

또, 인류 구원과 희생 및 사랑의 상징인 예수 그리스도의 삶을 본받아 약한 자와 소외된 자의 친구가 되고, 성경의 가르침에 따라 이 땅에서 하나님의 자녀로서 살아가기에 부끄럽지 않은 사람이 되었으면 한다.

하나님의 영광이 나타나는 곳에 쓰임 받는 삶이 얼마나 아름다운지 깨달았으면 좋겠다. 나의 영광을 위해 살아가는 것이 부질없음을 깨닫고 이 땅의 것이 아닌 영원한 것을 위한 삶, 가치 있는 삶을 살아가는 미래의 인재들이 되었으면 좋겠다.

"일어나라. 빛을 발하라. 이는 네 빛이 이르렀고 여호와의 영광이 네 위에 임하였음이니라." (이사야 60:1)

생각을 바꾸면

먼 직장을
오가는 동안
사색(思索)의 시간이 많아서 좋고,

실패(失敗)로 인해
다부진 마음을 얻어서 좋고,

많은 자녀로 인해
집안에 웃음꽃이 피어서 좋고,

집이 작으면
형제의 우애(友愛)가 생겨서 좋고,

적게 가짐은
물질의 소중함을 깨닫게 해서 좋고,

실직(失職)은
뜻하지 않은
삶의 활력소가 되어서 좋고,

배우지 못함은
나를 겸손(謙遜)하게 해서 좋고,

성적이 안 좋아도
밝고 씩씩한 자녀라 좋고,

생각을 바꾸면,
오늘 같이 길게 늘어선
빠알간 불빛의 자동차 미등(尾燈)도
아름답게 보인다

세상에서 당당하게 살아가기

박청삼 지음

발 행 처 · 도서출판 청어
발 행 인 · 이영철
영   업 · 이동호
홍   보 · 천성래
기   획 · 남기환
편   집 · 방세화
디 자 인 · 이수빈 | 김영은
제작이사 · 공병한
인   쇄 · 두리터

등   록 · 1999년 5월 3일
(제321-3210000251001999000063호)

1판 1쇄 발행 · 2020년 10월 20일

주   소 · 서울특별시 서초구 남부순환로 364길 8-15 동일빌딩 2층
대표전화 · 02-586-0477
팩시밀리 · 0303-0942-0478

홈페이지 · www.chungeobook.com
E-mail · ppi20@hanmail.net
I S B N · 979-11-5860-855-2(03190)

이 도서의 국립중앙도서관 출판시도서목록(CIP)은 서지정보유통지원시스템 홈페이지
(http://seoji.nl.go.kr)와 국가자료공동목록시스템(http://www.nl.go.kr/kolisnet)에서 이용
하실 수 있습니다.(CIP제어번호: CIP2020023186)